Die Entwicklung des Sozialismus von der Utopie zur Wissenschaft

社会主义从空想到科学的发展

（德）弗里德里希·恩格斯◎著

吴黎平◎译

中央编译出版社
CCTP Central Compilation & Translation Press

图书在版编目（CIP）数据

社会主义从空想到科学的发展 /（德）弗里德里希·恩格斯著；吴黎平译．—北京：中央编译出版社，2024.3

ISBN 978-7-5117-4595-8

Ⅰ．①社… Ⅱ．①弗… ②吴… Ⅲ．①《社会主义从空想到科学的发展》 Ⅳ．① A811.2

中国国家版本馆 CIP 数据核字（2024）第 035894 号

社会主义从空想到科学的发展

出版统筹 张远航
责任编辑 何　蕾
责任印制 李　颖
出版发行 中央编译出版社
网　　址 www.cctpcm.com
地　　址 北京市海淀区北四环西路69号（100080）
电　　话 （010）55627391（总编室）　（010）55627116（编辑室）
（010）55627320（发行部）　（010）55627377（新技术部）
经　　销 全国新华书店
印　　刷 北京印刷集团有限责任公司印刷一厂
开　　本 710毫米 × 1000毫米 1/16
字　　数 151千字
印　　张 12.75
版　　次 2024年3月第1版
印　　次 2024年3月第1次印刷
定　　价 88.00元

新浪微博：@中央编译出版社　**微　　信**：中央编译出版社（ID：cctphome）
淘宝店铺：中央编译出版社直销店（http://shop108367160.taobao.com）（010）55627331

本社常年法律顾问：北京市吴栾赵阎律师事务所律师　闫军　梁勤
凡有印装质量问题，本社负责调换，电话：（010）55627320

出版前言

晚清民国时期，中国遭受前所未有的劫难，同时也是思想活跃、文化激荡的时期。在西方学术思想向中国传播过程中，中国人逐渐接受了西方哲学、西方政治学、西方经济学、西方心理学、西方伦理学，等等。通过翻译、学习、运用西方的学术思想，产生了一批贯通中西的本土学者，他们成为各学术领域的中流砥柱。一批先进的中国知识分子，还把发源于西方的马克思主义作为自己的理想信念，带领中国人民进行了翻天覆地的社会改造。由中央编译出版社发起整理的“回眸经典”，即为晚清民国时期中国学者著述、翻译、编写的经典学术著作，包括马克思主义、哲学、政治学、经济学、心理学等多个领域。这些经典学术著作联系中国学术的过往，见证了中国学人披荆斩棘的拓进历程，记录了近代中国的沧桑巨变。我们整理、编辑这套丛书，既是向前辈学人在探索道路上的筚路蓝缕致敬，也是为当代学者了解中国近代学术思想的演进过程，提供比较完整的文献资料。

《社会主义从空想到科学的发展》是在《反杜林论》发表两周年后问世的。此时正值欧美各国工人运动高涨时期，为了反对法国工人运动中的机会主义思想，帮助法国工人党从思想上同无政府主义、小资产阶级社会主义和堕落为宗派主义的空想社会主义划清界限，使其成为政治上成熟的马克思主义政党，一八八〇年恩格斯应法国著名工人活动家保尔·拉法格的请求，把《反杜林论》一书的引论第一章、第三篇第一章和第二章改写成为一篇独立的通俗著作，由保尔·拉法格译成法文，经恩格斯本人校阅后于一八八〇年以《空想社会主义和科学社会主义》为题分期刊登在法国社会主义杂志《社会主义评论》第三—五期上，同年又以单行本的形式出版，后来被译成欧洲多种文字，书名也不尽相同。一八八三年出版德文版时，书名改为《社会主义从空想到科学的发展》（扉页上的出版时间是一八八二年），恩格斯生前最后一次德文版（第四版）是一八九一年柏林出版的。恩格斯的小册子《社会主义从空想到科学的发展》法文版导言是马克思在一八八〇年五月四至五日左右写的，原文是法文，不过，这本小册子中的导言署名为译者拉法格。马克思致保·拉法格（一八八〇年五月四—五日左右）信中曾指出，“导言是他和恩格斯商量后写的，请拉法格在词句上加以修饰，但是不要修改内容”。《社会主义从空想到科学的发展》德文本出版序言和第四版序言是恩格斯分别在一八八二年九月二十一日和一八九一年五月十二日所写。《社会主义从空想到科学的发展》英文版导言是恩格斯在一八九二年四月二日所写。一八九二年六月恩格斯将这篇导言译成德文后，于七月间寄给《新时代》杂志，该文摘要发表在一八九二年至一八九三年第一卷第一期和第二期，标题为《论历史唯物主义》。导言的个别部分曾以《资产阶级对封建主义的三次会战》《工人政党》为标题，用法文发表在一八九二年十二月四日、十一和二十五日，一八九三年一月一日和九日《社会主义者报》第一一五、一一六、一一八、一一九、一二〇号。导言还曾用保加利亚文以摘要的形式发表在一八九二年《社会民主党人》杂志第三期。

这部著作在工人中得到广泛的传播，为宣传和普及马克思主义发挥了巨大作用。马克思曾对本书作过很高的评价，他在一八八〇年法文版序言中指出："在这本小册子中我们摘录了这本书的理论部分中最重要的部分，这一部分可以说是科学社会主义的入门。"

清末民初，《社会主义从空想到科学的发展》的书名及部分内容开始传入中国。一九〇三年我国出版了《社会主义神髓》一书。这部著作分为七章，基本依据《共产党宣言》和《社会主义从空想到科学的发展》的内容而写，阐述了科学社会主义的主要观点。尽管该书有不少肤浅和谬误之处，但仍不失为一部传播马克思主义的重要读物，在二十世纪初的中国，该著作在中国相当流行，多次重印出版。一九〇七年九月一日《天义报》第六期载的刘师培（署名申叔）《欧洲社会主义与无政府主义异同考》一文再次提到恩格斯的《社会主义从空想到科学的发展》："有以科学为根据者，则始于犹太人，一为马尔克斯，一为拉萨尔。彼以海克尔之说涉于空漠，乃从事于实际之经验，以倾向物质主义（马尔克斯所著书有《由空想到科学的社会主义之发达》，而拉撒尔刊行之著作亦有《劳动与科学》一篇，此以科学为根据者）。"但是，该文错认为《社会主义从空想到科学的发展》是马克思的著作。一九一二年五月十九日、六月十六日、七月十四日上海《新世界》半月刊刊载了施仁荣译的《理想社会主义与实行社会主义》（即《社会主义从空想到科学的发展》）第一、二节和第三节的一部分。该文是中文书刊第一次将恩格斯的这部著作比较完整地介绍给中国读者，是中国近代史上引进的第一个较为完整的马克思主义经典著作。一九二一年八月十四日，《新青年》第九卷第四号刊载的施存统《马克思底共产主义》"革命的过渡期"一节中，节译《社会主义从空想到科学的发展》中部分内容："劳动阶级掌握政权，先把生产机关收归国有。从此之后，把无产阶级自身也一同废止，一切阶级区别，阶级对抗，都一概废止，就是做'国家'的国家，也随着废止……无产阶级握取政权，用这个权力，把离开有产阶级底手的‘社会生产机关’完全移归到公共机关所有。”一九二九年十月上海启智书局出版的《社会进化的铁则》（“社会科学丛书”第七编）一书中有四节的内容“资本主义制度的各种矛盾”“向自由王国的飞跃”“发达的过程”“从空想的到科学的”都节译自《社会主义从空想到科学的发展》。一九二九年十二月，上海南强书局出版了彭嘉生译的《费尔巴哈论》一书，该书的附录《史的唯物论》即《〈社会主义从空想到科学的发展〉英文版导言》摘译 。一九三〇年四月上海江南书店出版向省吾翻译的《费尔巴哈与古典哲学底终末》一书，该书的附录《唯物史观论》即《〈社会主义从空想到科学的发展〉英文版导言》的摘译。一九三〇年七月，上海春秋书店出版塞姆柯甫士基编、刘沁仪翻译的《社会主义的必然》（上、下），该书下册第二章“空想的与科学的社会主义”即《社会主义从空想到科学的发展》第一、二章的摘译。

《社会主义从空想到科学的发展》第一个中文全译本由“丽英女士”（柯柏年曾用笔名）翻译，连载于一九二五年二月十九—二十一、二十四、二十六—二十七日，三月三、五—七、十、十二—十三日上海《民国日报》副刊《觉悟》，篇名为《空想的及科学的社会主义》。第二个中文全译本由朱镜我翻译，书名为《社会主义的发展》，上海创造社出版部一九二八年出版。第三个中文全译本由黄思越根据日文本翻译过来，上海泰东图书局于一九二八年八月出版，书名为《社会主义发展史纲》。第四个中文全译本由李超真译，载一九二九年十月上海沪滨书局出版的《宗教、哲学、社会主义》一书，该书多次曾重版。

吴黎平（即吴亮平的笔名）翻译的《社会主义从空想到科学的发展》由解放社作为“马恩丛书”第三种于一九三八年六月出版，是其第五个中文全译本。书前译者于一九三八年五月二十日写的《关于中文译本的几句话》指出，该书是根据莫斯科马克思恩格斯列宁研究院编辑的《马克思恩格斯选集》的俄文版翻译过来的，同时还参考了英文版。译者吴亮平是著名的马克思主义理论家、翻译家，他同时还是《反杜林》这本深厚著作的译者，他翻译的《社会主义从空想到科学的发展》译文流畅、准确，读者能够比较全面地了解其核心思想。由于其通俗易懂，该译本在抗日战争时期和解放战争时期曾大量重印，发行十分广泛。我们此次整理出版"回眸经典·马克思主义"系列丛书，有利于读者更加深入地了解其在中国传播的演进过程，深刻理解中国共产党为推进马克思主义中国化、时代化进行的艰苦探索，为当代学术研究和理论学习提供更多文本支持。

为方便读者学习，在保持原书内容、当时的语言风格、词语的使用、词语的翻译和基本结构不变的前提下，我们对不太适合当今阅读习惯的部分字词进行了修订。如有不当之处，敬请批评指正。

张远航

二〇二四年一月于北京

目　录

关于中文译本的几句话

与《共产党宣言》齐名的恩格斯这一名著的价值，是毋庸我们来多加说明的。我们现在只就这一中文译本作几点小的说明：

第一，这一名著的译本，我们曾见到两种，但译文多有未善之处，且对于恩格斯在德文本第四版所增改的地方未曾译出，故不得不重行校译，以臻比较完善的地步。

第二，这一课本，是根据莫斯科“马克思、恩格斯、列宁学院”的《马克思、恩格斯选集》的俄文标准本译成的，并曾参考这一选集的英文本。两者文字上稍有出入之处，则大部分按照俄文本翻译。

第三，恩格斯在本书德文第四版所做的增改，本译本俱已加入或改正。

第四，注解分三种，一种是恩格斯自己注的；一种是马、恩、列学院编辑部注的；一种是译者注的。俱各在下说明。

吴黎平　一九三八年五月二十日

恩格斯序（一）

德文本一八八二年第一版序

这本小书，是由一八七八年在莱柏锡格出版的我的著作《杜林先生的科学变革》（即《反杜林论》）书中摘录三章编成的。经我的朋友拉发格之请求，我摘录这三篇给他译成法文，并在其中加上若干解释。经我校阅过的法文译本，最初发表于《社会主义杂志》，随后印成单行本出版，名为《空想社会主义和科学社会主义》一八八〇年巴黎出版）。我这本小册子的波兰文译本，是根据法文本译成的，在一八八二年出版于日内瓦黎明书局，名为《社会主义从空想到科学》。

拉发格的译本，在通行法语的一些国家，尤其在法国，竟得到意外的成功——这件事使我设想：若将这三章书以德文原文印成单行本出版，不是也有用的吗！恰好在这个时候，祖里赫[①]（Zurich）《社会民主党报》编辑部告诉我，目前德国正急迫需要新的宣传小册子，并问我是否赞成将上述的三章书汇印出版。我自然赞成《社会民主党报》编辑部的提议，并将我的稿子交给他们去出版。

可是这本小册子本来不是为直接宣传而写成的，实际上纯粹是科学的这种著作，能够适用于直接宣传吗？在形式和内容上，必须怎样去修改呢？

---

① 现通译为苏黎世。下同。

说到形式方面，能够引起误解的，只是外国名词之众多，但拉萨尔（Lassalle）在其演说和宣传小册子中，已经不限制外国名词之使用，而且据我所知，人们并不特别的厌恶外国名词。况且从那时以后，德国工人已经更热心地并更经常地去读报，因此，也就更多认识了外国名词。我只限于删除那些非绝对必要的外国名词。但对于那些剩下的必要的外国名词，我不愿附上解释的译名。这些必需的外国名词大部分是科学技术上公用的术语，这些术语如果可以译成德文，那就成为不必要的了。译名只能曲解这些术语的意义，不仅不能使人明白，而且反能使人糊涂。在此情形之下，口头上的解释效力将更大些。

说到内容方面，我敢肯定说：这对于德国工人并不是很难懂的。一般来说，只有第三部分是难懂的，但对于这一部分，工人比“受教育的”资产者易懂得多，因为这一部分恰正说到工人的生活条件。我之所以加上许多解释和补充，与其说是为着工人，毋宁说是为着“受教育的”读者，倒如议员爱宁（Ernst Einern）、枢密顾问徐伯尔（Heinyich Von Sybel）、特莱赤格（Heinyich Von Treitsche）等人，他们为一种不可抑制的愿望所驱迫，一定要屡次表明他们是一窍不通，因此，他们对于社会主义亦表示可惊的无知。如果堂·吉诃德与磨房风车决斗，那么，这是完全合乎他的名号与任命的，但对于珊丘邦沙（Sancho Panza）我们却不许他这样做。[①]

这一类读者，看到我在这一本叙述社会主义发展的小书中，提到康德和拉普拉斯的宇宙起源说，提到当代自然科学，达尔文学说，德国古典哲

---

① 堂·吉诃德是十六世纪西班牙小说家塞万提斯所著一部著名小说《堂·吉诃德》的主角。堂·吉诃德代表沉迷于幻想的蠢人，时时刻刻闹出许多笑话，后来忽然发生一种遐想，和风车进行决斗。作者借堂·吉诃德来讥笑中世纪的骑士风。珊丘邦沙是堂·吉诃德的仆人。

学以及黑格尔等——多半也要惊奇的。但科学社会主义，本质上还是德国的产物，而且也只能产生于德国，① 即产生于古典哲学还生动地保存着自觉的辩证法的传统之国家。唯物史观及其对于当代资产阶级和无产阶级间斗争的特别应用，必须借助于辩证法才能成立。如果德国的资产阶级的学校教师，将关于德国大哲学家及其所创立的辩证法之一切概念，都淹没于那令人厌恶的折衷主义泥潭里（他们做到如此程度，使我们不得不引据当代自然科学来证明辩证法正是存在于真实世界之中），那我们，德国社会主义者却引以为荣地说：我们不仅继承圣西门、傅立叶和欧文，而且继承康德、菲希特和黑格尔。

一八八二年九月二十一日于伦敦

① 这里所说的“于德国”乃是笔误，应该说“德国人中间”，因为科学社会主义之产生，一方面必须有德国辩证法，但另一方面，也必须有英法两国经济上和政治上的发展条件。德国在经济上和政治上的落后条件——十九世纪四十年代初期比现在还更落后得多——至多只能产生畸形的社会主义（见《共产党宣言》第三章“德国的或真正的社会主义”）。只有当时英法两国所造成的经济的和政治的情况经德国辩证法的批判以后，才能达到真正的结果。从这观点看来，科学社会主义并非专门属于德国的产物，而在不少的程度内，又是国际的产物。——恩格斯注

恩格斯序（二）

德文本第四版序

我曾经预言说，德国工人将完全能懂得这本小册子的内容，这个预言已经完全实现了。自从一八八三年三月本书第一版出版以来，已经销行过三版，共有一万本以上，而这还在施行镇压社会党人的法律的时候。这更加证明，警察对于当代工人运动之压迫，并没有多大的效力。

自从第二版出版以来，这本小册子又被译成好几国文字：意大利文（马丁内底译的）、俄文、丹麦文、西班牙文及荷兰文。

这一次重版，经过某些微小的修正。有两个地方还加入比较重要的补充：在第一篇谕圣西门中补充一段，因为原版中关于圣西门比关于傅立叶和欧文要说的少些；在第三篇之末也补充一段，来说明近时有重大意义的一种新的生产形式——托辣斯[①]。

一八九一年五月十二日于伦敦

① 现通译为托拉斯。

恩格斯序（三）[①]

英文本序

这一本小书，本来是从一本更大的书中摘录出来的。大约在一八七五年前后，柏林大学的副教授杜林博士，突如其来地，甚至大吹大擂地宣布他皈依社会主义，并且带来一种详细的社会主义理论以及详细制定的实际改造社会的计划，以贡献于德国人民面前。自然，他尽全力向着他的前辈尤其是马克思攻击，他以愤怒的狂潮，向着马克思冲射。

这件事的发生，正是处在德国社会党中两派——爱森纳哈派和拉沙尔派——合并的时候，那时这两派合并不仅增加力量，而且更重要的，还使我们能够运用共同力量去反对共同的敌人。社会党在德国那时正在迅速地成为一种力量。但要成为一种力量，必须首先使这个新造成的党的统一，不被危害；可是，杜林博士却已公开开始在他个人周围集合了一个小派，以备作为未来分裂成另一党的核心。因此，我们必须拾起别人丢给我们的手套，[②]不管愿意不愿意，将斗争进行到底。

事情虽然不是非常困难，但终归是一件麻烦的事情。我们德国人，人人都知道，是具有非常繁重的深刻性的——说急进的深刻性，或说深刻的

① 这篇序言是恩格斯当一八九二年这一本书的英文译本在伦敦和纽约同时出版时所写的。

② 欧洲古代习俗，丢下手套是挑战的表示，拾起手套是接受挑战的表示。

急进性，随你怎样说都可以。当我们中每一人着手叙述他所认为是一种新理论的东西时，他以为一开始就必须将这个理论造成为包罗万象的一个体系。他一定要证明出逻辑的初步原则和宇宙的根本规律之所以永久存在，只是为要引到这个新发现的完成一切的理论上去；在这上面，杜林博士是达到了自己民族性之高点的。他的理性的、道德的、自然科学的和历史的完全的《哲学体系》，他的完全的《经济学和社会主义的体系》，最后还有他的《政治经济学的批判史》，这三部八开本的大书在其形式及其内容上是一样的笨重，这三路理论的大军，调动来攻击以前一切的哲学家和经济学家，特别是攻击马克思——这真是企图完成一个新的“科学的革命”——我所要对付的，就是这样一件事情，我不得不说到一切，说到最复杂的许多题目：从时间和空间的概念，说到双本位的货币制度；从物质与运动的永久性，说到我们的道德观念的变易性；从达尔文的物竞天择论，说到未来社会青年的教育。然而，我的敌人的学说体系上的繁复，却也使我能在对于他的论争中，发挥马克思和我关于这许多繁复问题的见解，而且能够探取以前所未有的更加联贯的形式。这就是为什么我担负起这一任务的原因，不然的话，这一任务便是无意义的了。

我的答复，最初以连续文章的形式登载于社会党的中央机关报，莱普齐的《前进报》上，随后汇集成一本书，标题为《杜林先生的科学变革》。此书第二版在一八八六年出版于祖里赫。

经我的朋友拉发格（现在是法国里尔省选到国会去的议员）之请求，我修改这本书中三篇而成这本小书，他将这一小书译成法文，于一八八〇年出版，标题为《空想社会主义与科学社会主义》。随后由法文译成波兰文和西班牙文。一八八三年，我们德国朋友又以德国原文出版这本小册子，自此以后，从德文原文翻译出版的有意大利、俄罗斯、丹麦、荷兰和罗马尼亚各种文字的译本，连这个英文译本在内，这本小书已经译成十种文字了。我未曾看见其他的社会主义著作，连一八四八年出版的我们的《共产党宣言》和马克思的《资本论》在内，能像这一本小书经过那样多种文字的翻译。在德国这一本小书已重印四次，共销两万本。

这本小书附录《马克》[①] 的用意，在把阙于德国土地制的历史及发展经过的一些基本知识，传布于德国社会党之内。现在该党联合德国城市工人的工作已快到成功时期，接下去的一步，就应当去争取农业劳动者及农民。在这样一个时候，这篇附录之作似乎更不可少。现在在英文译本中也一同翻译出来，那是因为原始土地制度的形式及其衰亡历史，在一切条顿人种中都是一样的，而关于这种历史，英国人所知道比德国人尤其少。科瓦莱夫斯基曾有一种新的假定，说在“马克”分配其耕地及草地于村社内各分子的制度发生以前，还有一个过渡时期，在此时期内，耕地及草地由几个族长制的大家族的村社分配，每个大家族常常数代同堂（南斯拉夫的沙德路卡尚有存者），共同耕种共同负责。后来，因为各村社人口渐增，共同负责的管理渐渐不方便起来，于是再发生分裂，而分配于小家庭。科瓦莱夫斯基的话也许是很对的，不过还得详细考虑，所以我在这本书里仍旧保持原文，并不根据他的话加以修改。

这本小书，所用的经济学上的新名词，其意义是完全与《资本论》英文本所用的一样的。我们拿“商品生产”来表示一种经济发展的阶段，在这种阶段上，物品的生产，不仅是为着满足生产者的需要，而且是为着交

① 这一附录，因俄文本中未列入，故没有译出。

换的目的，即物品的生产，是要成为商品，而不是要成为使用价值。这一阶段，起于为交换而进行生产的那个时候，一直到现在；这一阶段，只在资本主义生产之下，才达到自己发展的顶点，换一句话说，它之达到自己顶点，是在下列条件之下，即：占有生产手段的资本家，拿工资去雇用那些除自己劳动力以外别无任何生产手段的人，并将生产品卖价减去生产成本以外所得的一切盈余，都纳入自己腰包里头。我们将中古以来的工业生产的历史分作三个时期：（一）以手工业为主的时期——小的手工业师匠雇用为数不多的佣工和学徒，每个工人制造整个物品；（二）手工工场时期——大量工人麇聚在一个较大的企业内工作，依据分工去制造整个物品，因此，每个工人只担负一部分手续，物品须经历一切工人的手续之后才能制成；（三）现代工业时期——机械力发动机器去制造生产品，工人的劳动只限于监督机械力量的动作并加以调用。

我完全知道，[①] 这一本小书将不为英国读者社会的颇大一部分人所欢迎。但我们大陆上的人，如果稍为顾忌英国的“尊严”（即英国的“庸人气概”）的成见，那么事情将比现在更坏。这一本小书辩护我们所称为“历史的唯物论”（唯物史观）的观点，而唯物论这个名词，是刺激极大多英国读者的耳朵的。不可知论[②] 尚可望饶恕，至于唯物论则是绝对不能容许的。

然而，自十七世纪以来，近代唯物论的最初产生地乃是英国。

唯物论乃是英国的产儿，英国的烦琐学派司考脱（Duns Scott）已经自

① 这篇序自此以下直到结尾，恩格斯曾以《论历史唯物论》的题目，单独用德文发表于一八九二年的《新时代》杂志上。

② 不可知论者说：他们不知道是否真有我们感觉反映的客观世界，就是说，拒绝公开承认唯物论。对于资产阶级学者，不可知论是半承认唯物论的一种形式。

问：物质能否思想。

为要实现这个圣迹，他就求助于万能的上帝，因此，强迫神学来宣传唯物论。此外，他还是一个唯名论者。[①]唯名论是英国唯物论者的主要因素，而且一般是唯物论的最初表现。

英国唯物论之真正生父乃是培根。他认为自然科学是真正的科学；而实验的物理学，则是自然科学中最重要的部门。安纳萨格拉斯（Anaxagoras）及其种子论（homoiomerien）和德模克里特（Democrite）及其原子论（atom）是他所引证的权威。在他的学说中，感官是完全可靠的，感官是一切知识的源泉。科学就是实验的科学，科学就在以理性的方法去整理感官所供给的材料。归纳，分析，比较，观察和实验，就是理性的方法之主要条件。在物质固有的本质中，其最初的和主要的本质就是运动——不仅是机械的和数学的运动，而且特别是冲动，生活力，兴奋和——借用波姆（Jacob-Bohme）的术语——痛苦。痛苦的最初形式，是那生动的它所固有的引起特殊个人区别的生存力。

在培根——唯物论的第一个创始者——的学说中，唯物论以幼稚的形式包孕着全面发展的萌芽。物质处于感觉的和诗意的光辉之中而对人微笑。但培根的格言式的学说，却仍充满了神学的不彻底性。

唯物论往后发展下去就变成为片面的。霍伯士（Thomas Hobbes）将培根的唯物论整理成为系统。在霍伯士学说中，感觉失去了它的光辉，而变成几何学家的抽象的感觉。物理的运动变成了机械的或数学的运动：几何学成为主要的科学。唯物论变成了一种厌世论，为了在自己范围内克服

① 唯名论指中世纪哲学的一个趋向，认为一般的概念，只是事物的名字，概念本身，没有独立的存在。与这相反的其他一个哲学趋向，则提出另一种意见，认为概念自身是真实的，所以这第二个趋向是反映了唯心论的观点。

厌世的和无肉体的精神，唯物论就应该消除自己的血肉而变成禁欲修道士。这样，唯物论就表现为一种理性的东西，可是因此它却以毫不容情的彻底性，发挥了一切理性的结论。

霍伯士从培根的观点出发，这样推论说：如果我们的感觉是人类一切知识的源泉，那么我们的观念、思想、概念，不过是物质世界多少脱去其感觉形式的阴影而已。科学只能替这些阴影定立名字。我们能够应用同一名字于许多的阴影。名字也可以有名字。但这将是一种矛盾，如果：一方面肯定说，一切观念导源于感觉世界；另一方面又以为一个字不止有一个字的意义，以为除了我们观念所反映的个别的物体之外，还存在有总的物体。说有一个非实质的质体，就像说有一个无形体的形体一样，同是不通的话。形体、存在、质体（substance），只是应用于同一的实在的不同名称。我们不能将思想从思维着的物质分别出来。物质就是一切变化的本体。“无限”这个词，如果不是指我们精神具有无限增补的能力的话，那么这词是没有意义的。只有物质能被感觉与被认识，那我们自然就不知道上帝的存在。只有我自己的存在是确定的。一切人的情欲乃是机械的运动，这种运动有其始点，也有其终点。冲动的对象是善。人与自然界服从同样的规律。权力和自由是二而一的。

霍伯士整理了培根的学说，但他并未更确切地证实培根的根本原则——即认为知识和观念的起源是在于感觉世界的这个原则。洛克（Locke）在他的“人类理性起源的经验中”，才证明这一原则。

如果霍伯士消灭了培根的唯物论之自然神论的成见，那么高林士（Collins）、独特华尔（Dodwall）、高华德（Cowards）、哈德烈（Hartley）、怕利斯德利（Preest ley）等就铲除洛克的感觉论之最后的神学藩篱。无论如何，对于实际的唯物论者，自然神论[①]不过是摆脱宗教的一种便利方式而已。（见马克思和恩格斯同著的“神圣家族”，一八四五佛兰克福特出版，第二〇一页至二〇四页）

马克思关于近代唯物论之英国的来源是这样写的。如果现在英国人对于这样的承认他们祖先的功绩的意见，显得不喜欢，那我们只有为他们惋惜。培根、霍伯士和洛克是光荣的法国唯物论者之生母，这是无可否认的；虽然法国十八世纪在陆上和海上，都被败于英国人和德国人之手，可是法国的唯物论者，却能使十八世纪成为主要是法国的一个世纪，就是在结束十八世纪的法兰西大革命很久以前，也还是如此；而我们在德国和英国正要将法兰西大革命的结果移植于本国。

这是无可否认的。受过教育的外国人，当十九世纪中叶，到英国居住时，时常奇怪（不如是就无法对自己解释）“尊严的”英国中等阶级之愚蠢和宗教上的迷信。在那时候，我们都是唯物论者或至少都是很急进的自由思想者，我们想不到英国几乎所有受教育的人，都信仰各种不可思议的圣迹，甚至地质学家如白克兰（Buckland）和孟尔（Mantell）也都曲解自己科学的学理，使之不与创世纪的神话相冲突。至于要找那些敢于使用自己理智于宗教问题上的人，就不得不到那些未受教育的人们当中去，到一般人所称为“龌龊人”（即工人）当中去，特别是到欧文派社会主义者当

① 自然神论是一种哲学趋向，它敌视正式宗教及其教派，可是不完全脱离神的思想，而以神作为一切东西的最初原因，作为给予最初冲击的一个力量。自然神论者，在英国宪法中国王的作用上承认着神，他们以为国王的作用是被法律所限制，不经国会，国王是不能废除法律的。同样的，自然神论者的神，根据他们自己意见是树立自然界的基础的，可是这个神也受自然法则的限制，而不能自己任意胡为，任意做出与这些法则相冲突的奇事，这样自然神论，使人能在直接隐蔽的形式之下承认唯物论的结论。——编辑部注

中去——这在我们看来，是奇怪的。

但自那时以来，英国就“开化”了。一八五一年的展览会，就是英国岛国闭关性的丧钟！英国在食物、衣着、习惯和观念上，都逐渐国际化了，英国在这方面达到了这样的成绩，使我很强烈地希望英国的某几种习惯也会传到大陆去被普遍采用，好像大陆的其他习惯传到英国来的一样。有一点是无疑的，就是：菜油的传入英国（在一八五一年前只有贵族知道），随带着使大陆对于宗教的怀疑论，也跟着传播到英国。不可知论至今虽尚未像英国国家教会那样受人器重，但在尊严的程度上，却已提高到与浸礼教（Baptism）[①] 同等的地位，并且无论如何至少是超出于“救世军”之上。我不能不想象这种情形，就是：对于那些非常感伤并痛心于无神思想之进步的人，如果他们知道这些“时髦思想”不像许多日用品那样，是从外国贩来和在德国制造的，而是渊源于以前的英国，而且在二百年前创造这种思想的英国人，确是比他们现在的子孙要走得远得多——如果他们知道这些，那对于他们将是一种安慰吧。

事实上，不可知论，如果不是忸忸怩怩的唯物论，究竟是什么呢？不可知论的宇宙观完全是唯物的。整个自然界受一定的规律支配，并不允许外来动作的干涉。但不可知论者又小心谨慎地说：我们没有方法可以肯定或否定在已知的世界之外是否还有某个至高主宰之存在。如果在拿破仑问拉普拉斯，为什么在这一伟大天文学家的《天体机械》一书中，连“造物者”的名字都未曾提起？而拉普拉斯却骄傲地回答说：“我不需要这个假设”——如果在这时代，不可知论者的上述保留条件，还有价值的话，那么现在我们对于宇宙及其发展的概念，就绝对没有余地来容忍造物者或万

① 浸礼教是英美两国中人数众多的一个教派，其特异的信条，是要信者到成年时才举行洗礼，而洗礼是要全身浸在水中的。——译者注

能者了。整个存在的宇宙之外有一个至高的主宰，这话本身就是一种矛盾，而且据我看来，也是对于信教者的感情的一种没来由的侮辱。

我们的不可知论者也同意，我们全部知识是建筑在经过感官所供给的材料上面的，但他们忙着声明说："怎样知道我们的感官正确反映它们所感觉的物质呢？"他们又继续告诉我们说：他们所说的事物及其本质，实在并非这些事物和这些本质——这些他们是一点都不能确实知道的——他们所说的，只是这些事物在我们的感官所发生的印象。这样的推理方式，当然不容易只用论证去驳倒它。但在人们论证以前，人们先有行动。"行动在先"[①]，在人类的才智发现这个难题好久以前，人类的行动，已经解决了这个难题，"布丁的味道，食时就知道。"当我们根据我们所感觉的事物的属性而使用这些事物之时，我们正是确切地考验我们的感官所感觉的，究竟是否真实。如果这些感觉是错误的，那么我们认为该物可用的这种判断就必然是错误的，因此，我们使用该物的尝试也要遭受失败。如果我们达到了我们的目的，如果我们证明事物适合于我们对于这些事物的观念，如果这些事物，正是适合于我们所要用的用途，那么积极的证据，证明我们对于事物及其属性的感觉，在这一限度之内是恰好适合于那存在于我们之外的现实的。如果相反的，我们确切知道我们遭受了失败，那么大部分不需要好多时间就可以发现我们错误的原因。我们可以发现，作为我们经验基础的那种感觉，或者本身是不完全的或浮面的，或者是因为用了与该事物不相称的方法，使之与其他感觉的结果，混淆起来——这样我们就称之为不健全的推论。如果我们正确地发展我们的感官，正确使用我们的感官，并把我们的行动限制于我们正确取得和正确使用的感觉所规定的范围

① "行动在先"——歌德的《浮士德》中的话。

之内，那我们就时常发现我们的行动结果，正是证明我们的感觉能够适合于我们所感觉的事物的物质本性。直至现在，还不曾有一个事实，要使我们做出结论说：我们经过科学监督的感官之感觉，会在我们脑中造成这样一种对于外界的观念，使之在本性上与现实相违背，或者是使外界和我们感官的感觉中间，发生天生的冲突。

现在，新康德派的不可知论者出来说道："是的，可能的，我们也许能够正确地感觉事物的属性，但无论用何种感觉或思想的过程，我们都不能够认识'自在之物'；'自在之物'是在我们的认识界限以外的。"对于这点，黑格尔很久以前就已经给了答复："如果你们知道了事物的一切属性，那你们也就知道了'自在之物'；那时留下来的一件显然的事实，即是上述事物存在于我们之外，当你们的感官也确能知道这件事实时，你们就完完全全认识了这一事物，即认识了康德的有名的不可知的'自在之物'了。"现在我们对于这点，只能补充说道：在康德时代，我们对于物质体的认识还是如此的不完备，使得那些对于每一事物还可以假设有特殊的神秘的"自在之物"的存在。但是从那一时代以来，这些不能被认识到的事物，已经一件一件的被科学的长足进步所认识到与分析到了，而且还被重新制造了：对于我们自己能够制造的东西，我们就不能看作是不可知的。在十九世纪前半期的科学家看来，有机体正是这样一种神秘的事物。可是现在我们不赖任何有机的过程之助，就晓得综合其化学元素而一个个的制造出来。近代化学宣言说：只要知道任何物体的化学构成，就可以依照其元素制造这个物体。虽然我们现在还远不能确切知道最高有机体即蛋白质之构成，但没有理由可以使我们怀疑说，我们纵然经过几世纪的研究也不能够知道这种构成，也不能够在知道后制造出人造的蛋白质。当我们达到这一地步时，我们将可以重新制造有机生命，因为生命，自最低的形式直至最高的形式，不过是蛋白质的正常生存状态而已。

可是我们的不可知论者，在说出这种纯粹形式的保留条件之后，就像十足的唯物论者一样地说话与行动——实际上他们正是这样的唯物论者。或许他说："就我们所知道的来说，物质和运动——如现在所说的——能力，是不能够被创造也不能够被毁灭的，但我们没有任何证据，来证明这些东西不是在某个我们所不知的时候被创造起来的。"可是，如果你在某种情形之下，利用这种承认去反驳，那他就会立刻要你闭口。他抽象地可能承认唯灵论，但在实际上他甚至连知道这件可能都不愿意，他将对你说："就我们所知道或所能知道的来说，宇宙间是没有造物者和万能者存在的；据我们所知道，物质和能力是不能创造也不能毁灭的；对于我们，思想乃是能力的一种形式，乃是头脑的一种作用；就我所知，物质世界是受一些不变的规律的支配的……"总而言之，在他是一个科学家的限度以内，在他所知道一些事情的限度以内，他就是唯物论者；但在他的科学以外，在他所不知道的领域，他就将他的"不知"译成希腊文，而称为"不可知论"了。

无论如何，有一件事情是明显的：即使我也是一个不可知论者，我也不能将这一本小书所叙述的历史观称为"历史的不可知论"。因为不然，宗教信徒将嘲笑我，而不可知论者将愤怒起来，并要质问我是否在嘲笑他们。因此，我希望"尊严的"（在德文就称为"庸人"）英国人不要太过于愤怒，如果我在英文中亦如在其他许多文字中一样拿"历史的唯物论"（唯物史观）一个名词来表示一种历史观——这种历史观对于世界历史进程的观点，是要从社会的经济发展中，从生产方式和交换方式的变易中，从社会上由此产生的阶级分化中，从这些阶级的斗争中，去寻求一切重要的历史事变之基本原因和决定的动力。

如果我证明历史的唯物论对于英国庸人的“尊严”也有利益，那么人们或许对我更客气些。我在上面已经说过这一事实，就是四五十年前，居住在英国的受过教育的外国人，讨厌看见英国“尊严的”中等阶级之迷信宗教和愚蠢。我现在就要证明，那个时代英国的“尊严的”的中等阶级，并不像外国知识分子所想象的那样愚蠢。他们宗教信念是有其理由的。

当欧洲脱离中世纪的时候，处于增长过程中之城市资产阶级，是其革命的因素。资产阶级以前在封建制度内所取得的地位，已经变成太过狭小而不满足它的发展了。资产阶级的发展与封建制度已成不能并立的形势：封建制度必须毁灭。

封建制度的国际中心乃是罗马天主教的教会。不管一切内部的战争，罗马天主教会还是把整个封建的西欧统一起来成为一个大的政治整体，以与希腊正教及回教国家相对抗。这个教会（罗马的天主教会），把神赐的圣光加于封建制度之上。这个教会仿效封建制度的等级制造成自己的教会的等级制，并终于使自己成为最强大的封建领主，它至少占有天主教全部所有土地的三分之一。要分别在各国打倒封建制度，就应该先毁灭这个中心的神圣组织。

科学的巨大发展与资产阶级的长大，并行前进。对于天文学、机械学、物理学、解剖学和生理学，重新有兴趣起来了。资产阶级，为发展工业生产起见，需要科学，以研究物理上物体的属性和自然力的表现形式。在那时以前，科学是教会的恭顺的奴婢。教会从来不允许科学跨出宗教信仰所限定的界线之外，因此，那时的科学是全非科学的。现在科学暴动起来反对教会了。资产阶级需要科学，因此，它参加了这个暴动。

以上，我说到了日益长大的资产阶级必然要与当时居统治地位的教会发生冲突的两点原因，但已经足够证明：第一，在反对天主教会权力的斗争中，最有直接利益关系的是资产阶级；第二,一切反对封建的斗争，当时都要披着宗教的外衣，而且首先必然反对教会。但当时如果大学和城市商人发出战斗的呼声，那么这一呼声一定能在乡村民众中，在农民中获得响亮的回声——当时农民到处向教会和世俗的封建主，进行剧烈的斗争，以求得自身的生存。

资产阶级反对封建的大斗争，在三次大的决战中，达到最紧张的程度。

第一次斗争是德国的宗教改革。路德对于反教会暴动的号召引起了两次政治暴动：开始西肯根（Franz Von Sickingen）领导小贵族举行暴动（一五二三年），以后又有农民大战争（一五二五年）。这两次都失败了，主要是由于最有切身利益的城市资产阶级之不彻底，这上面的原因，我们在这里不能详述。从那时起，斗争就蜕化为各地公侯和中央皇帝政权间的溷战，其结果，使德国在两个世纪中，失去在欧洲民族中起政治作用的资格，可是路德的宗教改革却产生一种新宗教，一种适合于专制帝国的宗教。德国东北部的农民，还不及改信路德教，就已由自由人变成了农奴。

路德虽然失败了，加尔文（Calvin）却获得了胜利。加尔文的教条正适应当时最激进的一部分资产阶级的要求。他的宿命论学说，就是下列事实在宗教上的反映，即：在商业竞争世界中，成功或破产并不依靠于个人的活动和技巧，而是依靠于那种不受个人支配的环境。成功或破产，并非由个人的意志和行动来决定，而是由至大的和无形的经济权力所决定的。这在经济革命的一个时代，是特别正确的。那时一切旧的商业中心和一切旧的道路，都为新的中心和新的道路所代替了，那时印度和美洲市场被发现了，那时自古以来最宝贵的经济的圣物——金和银的价值——也受到动摇而趋于衰落。加尔文的教会制度，是完全民主的共和的，上帝的王国既然共和化了，那么世上的王国自然不能仍在君主、主教和诸侯统治之下。

如果路德教在德意志变成了德意志小公侯手里的便利工具，那么，加尔文教却在荷兰创立了共和国，并在英国特别在苏格兰创立了有力的共和党。

资产阶级的第二次大暴动，就将加尔文教看作现成的斗争的理论。这次暴动爆发于英国，城市资产阶级首先发动，乡村中的农民以及自耕的小土地所有者，则使运动胜利。奇怪的，即在三次资产阶级革命中，农民供给了战斗的军队，可是在胜利之后，农民却反因这一胜利的经济结果而趋于破产。克伦威尔（Cromwell）之后一世纪，自耕的小土地所有者就消灭了。可是，这些小土地所有者与城市平民分子，正是帮助了资产阶级，使其斗争能够达到彻底结果，并将查理士第一推上断头台去。为着收获那时已经成熟的资产阶级胜利的果实，革命必须远超过其原来的目的——一七九三年在法国和一八四八年在德国，也都是如此。这似乎正是资产阶级社会发展的规律之一。

在革命行动超过限度以后，接着就是来了不可避免的反动，这个反动也超过其原来的目的。经过了多次摇摆之后，新的重心终于定下了，并且变成往后发展的出发点。对于英国历史上的伟大时代，英国的庸人竟称之为“大叛乱”，而对于随后只以一六八九年比较微小的事变为结局的斗争，自由派历史家则反称之为“光荣的革命”。

新的出发点是日益长大的资产阶级和以前的封建大地主间的妥协。这些封建地主，虽然当时甚至到现在都还被称为贵族，但其实是早已在转变成为后来路易菲立浦[①]（Louis-Philippe）很久才变成的那种“国内第一资产者”了。可幸，在英国，旧的封建诸侯已经在“红白玫瑰战争”中自相残杀殆尽了。他们的后裔，虽然一般是从旧世家出身，但是离开嫡系已经

① 现通译为路易·菲利普。下同。

很远，他们另成一个新的集团。这个集团的习惯和趋向，与其说是封建的，毋宁说是资产阶级的。他们完全认识金钱的价值，他们驱逐几百家佃户，代之以绵羊，以便立即增加他们的地租。亨利第八把教会的土地廉价分卖及赠送，而从资产阶级中造成了一大批新的地主。直到十七世纪末，没收大的采邑以转卖给半暴发户或全暴发户的事，还是继续发生，它也造成了同样的结果。所以，自从亨利第八以来，英国的“贵族”，不仅不反对工业生产的发展，反要设法从这中间取得利益。同样一部分大的土地所有者，因为经济和政治的原因，同意与工业及金融资产阶级首领合作。一六八九年的妥协，所以很容易就实现了。政治的赃物——地位、清贵位置、大的薪俸——仍留在大贵族世家手里，而金融、工业及商业的资产阶级的经济利益，则受到维护。资产阶级的经济利益，当时已充分强大了，结果资产阶级支配了总的全国的政治。关于零碎问题的争端，固然也发生过，但贵族的寡头统治明白知道，他们自己的经济幸福是以不可分裂的锁链与工业及商业资产阶级的经济繁荣相联系着的。

从那时起，资产阶级变成了英国统治阶级中恭顺的、正式被承认的一个组成部分了，它与其他部分有共同利益来镇压全国的广大劳动民众。商人或工厂主，对于其伙计、工人和仆役，就站在主人的地位，或者像不久以前英国人所说的，站在“天然上司”的地位。他们要从工人中榨取劳动，数量愈多愈好，质量愈好愈妙，为此目的，他们必须训练工人使之顺从驯服。他们是教徒，宗教曾经成为他们战胜国王和贵族的旗帜。他们不久又发现宗教可以被利用来麻醉他们的“天然下属”的灵魂，使之服从主人的命令，使之相信主人是上帝位置于工人头上的人。简单说，英国资产阶级从此时起，也来共同压迫“下等阶级”——全国广大的生产群众了，其所用手段之一，就是宗教。

另外一种情况也助长资产阶级的宗教倾向，这就是英国唯物论的兴盛。这个无神的新学说，不仅触怒了敬神的资产阶级，而且还自己宣布是一种只适用于受教育有知识的人们的哲学，而与无知识的人们（包括资产阶级在内）的哲学对抗，霍伯士带着唯物论，出来成为国王万能权力的辩护士，并且号召拥护君主专制去压迫平民——这个“强壮而顽强的小家伙”。霍伯士继承者波林勃洛克（Bolingbroke）、莎夫推斯盘利[①]（Shaftesbury）等也是一样；新的自然神论式的唯物论，像过去一样，仍旧是贵族秘传的学说，由其宗教的异端性及其反资产阶级的政治关系，遂为资产阶级所仇视。所以，为对抗这种贵族的唯物论和自然神论起见，新教的教派，就成为进步的中等阶级之主要战斗力量；此教派在过去反对斯居亚德（十七世纪英国皇朝姓）皇朝战争中，曾经供给了旗帜和战士，如今仍成为“伟大的自由党”的骨干。

在这时候，唯物论就由英国传到法国去，在那里遇见了另一派唯物论——笛卡儿学说的一支派，而与之混合。最初，唯物论在法国也是专属于贵族的一种学说，但其革命性不久就显露出来了。法国的唯物论者不限制他们的批评于宗教问题范围内，他们批评当时一切科学传统和政治制度。他们为要证明他们的学说可以普遍应用起见，他们勇敢地在一部巨大著作中，即他们所由之得名的《百科全书》中，应用唯物论于知识的一切问题。这样，这个学说，在其任何一个形式——公开的唯物论形式或自然神论形式——之下，都成为法国一切受教育的青年之信仰。它的影响是如此的大，竟使在大革命爆发时，这个由英国皇党孕育出来的哲学学说，被共和党和恐怖党拿去作理论的旗帜，并被作为《人权宣言》的底本。

① 现通译为莎夫茨伯里。

法国大革命就是资产阶级的第三次暴动，但这是第一次完全丢开宗教面具，而公开站在政治上作战。这也正是第一次实行斗争到底，直至交战的一方（贵族）被消灭而另一方（资产阶级）完全胜利。在英国，革命前的制度和革命后的制度并存，地主和资本家妥协，这种情形反映出来的，是以前的诉讼程序仍旧存在，是封建的法律形式仍是很受尊重的保存着。在法国，则革命完全与过去的传统断绝关系，扫荡封建制度的最后遗迹并颁布民法——这法是巧妙的采用旧“罗马法”，使之适合于近代资本主义条件的。法国民法差不多完全反映马克思所称为“商品生产”的经济发展阶段之法律关系，它采用得这样巧妙，使革命的法国民法，直到现在还成为一切国家（连英国也在内）用来改善财产法令所根据的范本。这上面，不要忘记，英国的法律，是继续用封建的野蛮语言来表示资本主义社会的经济关系的——这种野蛮语言，对于其表示的事物的适合性，正好像英文的写法对于其读音的适合性一样（一个法国人说：“你写的是伦敦，但你读的是君士坦丁堡”）。但是这一英国法律却是唯一的法律，经过几世纪还能把其中传自古代日耳曼民族关于个人自由、关于地方自治、关于除法庭外不受任何干涉的种种保证之最好部分，保存起来，并且流传到美洲及殖民地去，这些部分，在欧洲大陆，于君主专制的权力之下，是已经丧失了，而且直到现在还未在任何地方被完全恢复起来。

我们再回转来说英国资产阶级。法国革命给了英国资产阶级以良好的机会，使之能因大陆上君主专制之助，来破坏法国的海上贸易，吞并法国的殖民地并消灭法国对于海上争霸的最后的意图。这就是英国资产阶级所以向法国革命斗争的原因之一。第二个原因，就是法国革命的方法，极不合英国资产阶级的脾胃，不仅因为法国的“可恨的”恐怖主义，而且还因为法国企图推行资产阶级统治到极端的地步。确然，英国资产阶级没有自己本国的贵族能行吗？英国贵族教给资产阶级以漂亮态度（与老师相称的态度），替它发明时髦的服装，供给它以陆军军官去维持国内治安，供给它海陆军军官，去占领殖民地和国外市场。不错，资产阶级中有一小部分进步分子，他们从这种妥协中并没有得到多大的利益，这一部分人主要是属于不甚富裕的中等阶级，他们同情于革命，但他们在会议中是没有力量的。

这样，唯物论愈加成为法国革命的信仰的象征，敬神的英国资产阶级，就愈加加紧抓住宗教。巴黎的恐怖统治岂不明显表示，如果群众失去宗教信仰的话，世界将闹成什么样子呢？唯物论愈是从法国传播到其他国家去，愈是结合类似的各派学说尤其德国哲学而坚强起来，唯物论和自由思想愈是真正变成大陆一切受教育的人所必需的标志，英国中等阶级就愈是抓紧各种各样的宗教信条，这些信条中间，虽然各有不同，但无条件的都是基督教的宗教信条。

正当革命在法国保证资产阶级胜利的时候，英国的瓦特（Watt）、亚克来以特[①]（Arkwright）、卡特来以特（Cartwright）及其他诸人，给了产业革命以最初的发动，使经济力量的重心完全转移。资产阶级的财富比贵族的财富增加得更快。在资产阶级的内部，金融贵族、银行家等，也被工厂制造家推于次等地位了。一六八九年的妥协，即在以后根据资产阶级利益而做了部分的修正，也已不能适合双方力量的对比了。参加妥协的双方的性质也已改变：一八三〇年的资产阶级与前世纪（十八世纪）的资产阶级，有巨大的差别。政治权力还在贵族手中，贵族使用这种权力来抵抗工业资本阶级之新的意图，这种权力情况已经与新的经济利益不能并存了。因之

① 现通译为阿克莱特。

反对贵族之斗争，不得不恢复起来，这种斗争的结果，只有使新的经济力量获得胜利。首先，在一八三〇年法国革命的影响之下，“国会的改革”就不顾一切反对而被通过了。这使资产阶级能在国会中取得公认的强大地位。随后，谷物条例的废除，又永远保证了资产阶级特别是资产阶级中最活动的部分即工厂主对于贵族的优势。这是资产阶级最大的胜利，但这次胜利，又是专为资产阶级本身利益的最后一次胜利。以后每次的胜利，资产阶级就不得不与另外新的社会力量分占利益。这社会力量，最初是它的同盟者，不久即成为它的敌人了。

产业革命产生了强大的资本家工厂主的阶级，同时也产生了人数更多的工厂工人的阶级。随着产业革命一一蔓延于各个生产部门，工人阶级也跟着在数量上不断地增加起来，随着其数量的增加，工人阶级的力量也增加起来。这一力量在一八二四年强迫倔强的议会废除禁止结社自由的法律之时，就已表现出来。在要求“国会的改革”的鼓动中，工人就已成为改革党中的激进的一翼。当一八三二年的“国会的改革”仍不许工人有选举权时，工人就提出他们的要求于“人民宪章”之中，并自己组织起来，成为独立的政党——宪章党，以与反谷物条例的强有力的资产阶级同盟相对抗。这是近代第一个工人政党。

随后，一八四八年二月和三月的大陆革命爆发了，在这革命中，工人起了很重要的作用，并至少在巴黎提出他们的要求。这些要求，就资本主义社会观点看来，是绝不能允许的。以后就迎来了普遍的反动。最初是一八四八年四月十日宪章党的失败；其次是同年四月巴黎工人暴动之被镇压；又其次是一八四九年意大利、匈牙利和德国南部的挫败；最后是一八五一年十二月二日拿破仑第三在巴黎的胜利。这样在某一时候，工人要求之可怕声势是被压抑下去了，但费了多少代价呢！如果以前英国资产阶级就以为必须把普通人民束缚于宗教的罗网之中，那末[①]，经过这些经验以后，他们对于这种必要的感觉，应当更强烈到多少程度呢？英国资产阶级，不管其大陆同僚之讥笑，仍然继续一年一年的花费千百万金钱去向下层阶级宣传福音。英国嫌自己的宗教机关不够用，当时还请求宗教投机的最大组织者——兄弟的美国来帮助他，还从美国输入摩提（Moody）和桑凯（Sankey）等人的基督复活派（Revivalism），[②]最后并接受救世军的危险的帮助——救世军是要复兴原始的基督教的宣传，宣言穷人是上帝的选民，用宗教形式攻击资本主义，并发挥原始基督教的阶级对抗论的某些方面。这些方面，对于现在供给金钱来发展救世军的大富翁，将有一天，会成为很不方便的。

资产阶级在欧洲任何一个国家，不能像中世纪长时期内封建贵族那样，独自掌握政权——至少也不能这样长久——这似乎是历史发展的一种规律。就是在封建制度完全被扫荡了的法国，资产阶级以其整个阶级执掌全部政权，也只是很短的时期。在路易菲立浦统治底下，即从一八三〇年至一八四八年时，只有一小部分的资产阶级统治了法国，很大的一部分的资产阶级则被很高的选举标准所限制，没有选举权。在第二共和国底下，即从一八四八年至一八五一年时期，固然整个的资产阶级统治了，但为时不过三年，因为资产阶级政治上的无能，所以为第二帝国开辟了道路。仅仅是现在，在第三共和国底下，整个的资产阶级才保持政权至二十余年，但现在已经露出一些明显的崩溃的征兆了。资产阶级长久的统治，直至现

① “那末”同“那么”。下同。

② 基督复活派是美国一种复活宗教的运动，其目的是恢复往下低落的宗教的影响，传播并巩固宗教的影响。在十九世纪这一教派的组织者之中，恩格斯指出了美国的教士摩提与桑凯。——编辑部注

在只有在像美国那样，从来没有经过封建制度，而社会一开始就建筑在资产阶级基础之上的国家才是可能的。然而在美国，像在法国一样，资产阶级的继承者——工人——已经在大声地敲门了。

资产阶级从来未曾在英国独占政权。甚至一八三二年的胜利还仍旧让地主贵族专有差不多一切的高级政府位置，富裕的资产阶级情愿自处于恭顺的地位，这件事在我未曾听见自由派的工厂主福斯德的一次公开演说以前，是不能够了解的。福斯德在他的演说中劝伯拉福特（Bradford）的青年人为了自己的福利学习法文。他举自己作例，并叙说他成了大臣以后，进到一种社会中，在这社会中，法文至少是与英文有同样的必要，结果自己成了乡愚。事实上当时英国的资产者，普通都是一些未受教育的暴发户，他们无论愿意不愿意，只得将国家位置的一切高等地位让给贵族，因为在那里除了商业的干练所造成的岛国的褊狭和岛国的自大之外，是还需要其他资格的。[①] 即现在报纸上关于资产阶级教育的无穷的争论，也足

① 英国的民族国家主义的自大习气，就是在商业上也是不利的。直至最近，普通的英国厂主，还以为英国人说外国话，是失去自己的尊贵。而且见到外国穷人到英国来住家并替英国人运输生产品到外国去，免除许多麻烦，于是便在某种程度内，引此以自傲，他们全未想到，这些外国人——其中德国人占多数——由于上述情形，便能夺取英国对外国贸易的一个大的部分（输入不少于输出）；英国的直接对外贸易却差不多逐渐被限制于殖民地，中国、美国、南美洲的范围。他们更少能看见这些德国人与其他在外国经营商业的德国人进行贸易，他们逐渐在全地球上组织一个完全的商业殖民地网。当四十年前德国认真开始经营输出品的生产时，这个殖民地网，成为一种现成的机关，给德国以非常大的帮助，使德国能于很短时间内，由输出粮食的国家转变为第一等的输出工业品的国家。于是在大约十年前，英国制造家便恐慌起来，并询问英国的公使和领事：为什么他们不能保持着自己的顾客呢？答复是一致的，即：（一）你们没有学你们顾客的语言，你们都要他们来说你们的语言；（二）你们没有设法去满足你们顾客的需要、习惯和嗜好，你们却要他们来接受你们的需要、习惯和嗜好。——恩格斯注

够证明英国中等阶级还以为自己不适于受高等教育而为自己寻找一种比较谦卑些的东西。无怪，在废除谷物条例以后，取得胜利的人物哥卜登[①]（Cobden）、伯来特（Bright）、浮斯德等，完全被摒于国家政府机关之外，而人们却以为是自然的事。只有再经过二十年发布新的改良的时候，他们才有门路到内阁去。英国资产阶级直到现在还是这样深刻地自惭社会地位的低微，使他们宁可用自己和国家的钱去豢养一个寄生的等级，这一等级，在一切庄严的场合中光荣地代表民族。当资产阶级中间有一个人能够加入这个天选的和特权的集团的时候，他们便引以为无上的光荣——其实这个集团正是资产阶级自己造成的啊！

这样，工业和商业资产阶级尚未达到彻底驱逐地主贵族滚出政权的时候，另一个敌手——工人阶级——已经出场了。随宪章运动和大陆革命以后而来的反动，以及一八四八年至一八六六年英国工商业的空前发展（平常以为这种发展，只是由于自由贸易，其实它更多的是由于铁路航海以及一切交通工具的巨大发展），又一次使工人阶级陷于自由党的影响之下——工人阶级在宪章运动以前曾是自由党中的激进的一翼。但不久，工人对于选举权的要求，逐渐成为不可压抑的了；正当自由主义的灰格派（Whigs）（英国自由党的前身）首领怯懦动摇的时候，狄斯拉耶里（Disraeli）却显示了自己的高明，他利用对于多利派（Tories）（英国保守党的前身）有利的时机，就在城市选举区中实行一种法令，使每个居住单独房屋的人可有选举权，并且修正选举区制。随后又引用秘密投票制。在一八八四年又将户主的选举权推广到一切地区，包括贵族的特区，并且又重新分配选举区，使各区选举权在某种程度内达到差不多相等的地步。所

① 现通译为科布登。

有这些设施，大大地增加了工人阶级在选举中的影响，在一百五十至二百选举区中，工人占选举人的多数。但议会制度是训练人们去尊敬传统的最好的学校；如果中等阶级是以崇拜态度和虔诚敬意对待曼涅士（Manners）爵士所戏称为“我们的老贵族”的集团，那么工人群众也是以尊重和恭敬态度对待当时被称为“好人”的资产者。真的，在十五年前，英国工人是模范的工人，他们对待主人的恭敬态度以及他们要求自己权利时的谦虚，尽可以安慰我们德国的天主教社会主义的经济学家——这些经济学家，正是苦于本国工人的改不了的共产主义和革命趋向。

但英国的资产者，究竟是生意上的人，他们比德国教授看得更远。他们只是在环境压迫之下，才分若干权利给工人阶级。他们在宪章运动几个年头中认识了“健壮而顽强的小家伙”（即平民）能够做出什么来，从此以后资产阶级就被迫不得不接受“人民宪章”中极大部分的要求，而使之成为法律。现在比以前，更需要用道德的方法将平民束缚于迷惘之中，而第一个影响群众的重要方法，仍旧是宗教。所以很多的牧师坐在学校的办公室里，所以资产阶级拿出更多的经费去豢养各种教派的教徒，从崇礼派直至救世军。

现在英国的“尊严”的庸人态度，已向大陆资产阶级的自由思想和怠慢宗教态度，宣告胜利了。法国和德国工人已经变成了顽抗者。他们完全地沾染了社会主义。因为许多原因，他们根据非常容易了解的理由，在选择争取权利的手段时，是没有顾虑到遵守法律的。“健壮的小家伙”一天比一天更“顽强”了。法国和德国资产者只得采取最后的一种办法，就是悄悄地抛开他们的自由思想。正好像一个少年公子，在海船上渐渐觉得晕船的时候，就将他未上船时吸着出风头的那支雪茄烟抛入海中去一样。不然，还有什么办法呢？以前嘲笑宗教的人，现在一个个的装出虔诚的外表并用恭敬的态度，去谈论教会信条和仪式，而且在不可少的时候，还自己来奉行这些事情了。法国资产者在星期五那天实行吃素，德国资产者在星期日木坐于教堂中，倾听新教教士的冗长的说教。他们都与唯物论绝交了。“应该为平民保存宗教”，这是挽救社会出于最后崩溃的唯一的方法。可惜他们是在先尽力破坏宗教使之永不能存在以后，才发现这个真理。现在轮到英国资产者出来嘲笑了，他们呼叱道：蠢材！这个我们在两世纪前就早已能够向你们解说了！

然而，我恐怕，无论英国资产阶级对于宗教的愚蠢信仰，无论大陆资产阶级“亡羊补牢”式的皈依宗教，都不能阻止冲破堤防的无产阶级的巨潮。传统是一种大的阻碍力量，是历史的“惰力”，但这种力量是消极的，所以必定要被打破。宗教同样的不能成为资本主义社会的永久的保障。如果我们法律哲学和宗教观念，都只是某种社会内支配的经济关系之亲近的或疏远的枝叶，那么在经济关系根本改变之时，这些观念也绝不能继续支持下去。除非我们相信有超自然的奇迹，否则，我们就只得承认任何宗教信条都不足以维持一个趋于崩溃的社会。

事实上，英国工人已经重新进入运动中了。无疑的，他们还受种种传统的束缚。首先是资产阶级的传统：例如，有一种普遍的成见，以为英国只能够有两个政党——保守党和自由党，以为工人阶级要得解放，必须依靠强大的自由党的帮助；也还有工人阶级从最初不自信地企图独立行动的时候所遗留下来的传统：例如，旧工会开除一切没有经过规定的学徒时期的工人，这种办法实是等于每个工会自己造成本身的工运破坏者，但不管所有这些，英国工人阶级还是往前运动着；使拍棱丹诺[①]教授（Brentano）

① 现通译为布伦塔诺。

也不得不忧愁地将这个事实告诉他的“天主教社会主义”的朋友。工人阶级向前运动，像英国一切事情一样，是用缓和而受节制的步伐表现着，而且多少作些无效果的企图。工人阶级在运动时，这里或那里，对于社会主义的字面，表示过分的不信任，但同时却采用了空想社会主义的实质。可是它确是运动着而且向前运动着，包括起更多的工人阶层。它已经把伦敦东区的不熟练工人，从睡梦中唤醒起来；我们大家可以看到这种新力量是给了何种强大的推动。运动的进程，固然没有某些缺乏耐性的批评者所希望的那样迅速，但让他们不要忘记：英国工人阶级是保存着英国民族性的最好的方面，在英国所争取的每一个进步，普遍是永远不会白白失掉的。如果宪章党工人的儿子，因为上述原因，还不能表现得像我们所期待的那样，那么他们的子孙是一定不会辱没他们的祖先的。可是欧洲工人阶级的胜利，不是专靠英国，这胜利要得保证，至少必须英法德三国工人阶级相互合作。在法德两国中，工人运动的确比较英国前进得多。德国工人阶级到成功的距离是能够计算的。二十五年来所得的成绩是无可比拟的。工人运动以日益增加的速度前进着。如果德国资产阶级表示自己可悲的迷信，表示自己丧失了政治、才能、纪律、勇气、毅力和坚忍心，那么德国工人阶级就表示出自己绰绰有余的具有这些特质。四个世纪以前，德国曾经是欧洲中等阶级第一次大暴动的发源地，在目前形势下，德国不也可能成为欧洲无产阶级第一次伟大胜利的舞台吗？

一八九二年四月二十日于伦敦

社会主义从空想到科学的发展

I

近代社会主义在其内容上来说，首先一方面是对于那统治于近代社会内部的有产者与无产者间、资本家与工钱劳动者间的阶级对立之理解的结果；另一方面是对于那支配于生产中的无政府状态之认识的结果。可是，由其理论形式言之，则近代社会主义最初好像是十八世纪法国各大启蒙学者[①]所提意见的更广大与显然更彻底的发展。近代社会主义的本身根据，虽然是基于物质经济事实之上，可是在开始的时候，它不得不和任何新学说一样，把先有的思想数据当作出发之点。

在法国为当前的革命而启导人的头脑的那些大人物，自己也是绝顶革命的，他们不承认任何种类的外界权威。宗教、自然观、社会、国家制度——一切都受到无有的批判，一切都要站到理性的审判台前面来。如果他们不能声明自身存在的理由，那末，就被判定要断绝自身以后的存在。理性成了测定一切已成事物的唯一尺度，这正是像黑格尔所说的“世界立于头脑上的时代”[②]——这话的意义，首先是说：人的头脑以及因头脑思

---

① 这是指法国大革命（一七八九——一七九四年）准备时期法国资产阶级在哲学上科学上的代表，著名的启蒙学者有伏尔泰，卢梭，以田特罗为首的百科全书派等。——编辑部注

② 黑格尔关于法兰西革命这样说：“思想、法律的观念，立刻表现出它自己的力量来了，旧时代的错误的机构，不能对它作任何抵抗。这个法律的观念就成为宪法的基础，以后一切事情，都得以此为根据。自从天空中照着太阳，（转下页）

维之助而找出的原则，要求成为一切人的行动与社会关系的基础；再后更广义地说，就是与上述原则相矛盾的现实，实际上是被上下颠倒过来。一切以前的社会形式及国家形式，一切传统的观念，都被认为是不合理的东西，而一切过去的事情，只值得悯恤与鄙视。现在呢？曙光第一次出现了，理性的王国来临了，从今以后，偏邪、特权、压迫，等等，将被永恒的真理，永恒的正义和根据自然法则之上的平等及不可剥夺的人权等所代替了。

但是我们现在知道，这个理性的王国，不是别的，正是理想化了的资产阶级的王国，永恒的正发，正实现于资产阶级的法律之中，而平等也正只是公民在法律上的平等，并且资产阶级的财产权，宣布为最基本的人权之一。理性的国家，卢梭[①]的公约，在实际上就是而且只能是资产阶级的民主共和国。十八世纪的伟大的思想家，亦与其先驱者一样，总不得超越他们本身时代所规定的界限之外。

但是除封建贵族与出来作为整个社会其余部分代表的资产阶级二者之

（接上页）而行星围绕太阳运行以来，从来没有见过人立在自己的头脑上。这就是说，根据理想、按照理想去构造现实。拉斯（Anaxagoras）算是第一个说理性统治世界的；可是直到现在，人们才达到这般地步，来承认思想应当统治精神的现实，这确是一个光辉的日出。一切能思想的生物都欣喜地欢迎这一新时代的到来，一种高尚的情感充满了这个时期，全世界被一种智慧的热忱所浸润，仿佛和人世间的调和，第一次被达到了。”（黑格尔著《历史的哲学》，一八四〇年出版，五三五页）难道现在不应当就立即用反社会主义者的法律，去反对已死教授黑格尔的这种危险的革命的思想吗？——恩格斯注

① 卢梭（一七一二——一七七八年）是一七八九——一七九四年法国大革命准备时期小资产阶级思想家之一。他认为社会及国家最初是由自由的、互相独立的人们订立自由的社会公约而组成的。可是这种公约所建立的社会制度，以后因为社会不平等的产生而被歪曲了。但是人类是天生自由与平等的，所以他们应当拥有一样的政治权利，而且一般的对于一切问题，应当在法律上得到平等。按照卢梭学说，要恢复这种平等，也只能够而且应当根据人们相互间自由的社会公约之上。

间的对立以外，还存在着一般的剥削者与被剥削者、富裕的游惰者与劳动的贫穷者之间的对立。正是这种情形，使资产阶级代表能够标榜自己不但是特殊的一个阶级的代表者，而且是整个受苦的人类的代表者。不仅如此，从其发生时起，资产阶级就带着它的对立体而来，资本家不能无雇佣劳动者而生存。当中世纪行会的行主，发展为近代的有产者之时，行会的佣工及行会以外的短工，也以同样程度转为无产者。虽然一般整体来说，资产阶级在和贵族斗争之时，可以要求某种权力，来同时认为自己是当时各个劳动阶级的代表，可是无论如何，在每个大的资产阶级运动之中，成为近代无产阶级的多少发展的先驱者之阶级，也已爆发了他们自己阶级的独立运动，例如德意志宗教改革[①]及农民战争时代的壮年洗礼派和苗宰尔的运动、英国大革命[②]时代的平均派（Levellers）、法国大革命时代的巴贝夫（Babeif）。[③]随着这个尚未成熟的阶级的革命行动而兴起的，还有与之相适应的理论的表现：在十六世纪及十七世纪有理想社会制度的乌托邦的描写；[④]在十八世纪，已直接有共产主义学说（摩莱里和马布利），在这时候，平等的要求已经不仅限于政治的权利，这要求应该扩大到个人的社会地位上；而且指明了应该消灭的不只是阶级的特权，而且是阶级区别的本身。

---

① 德国的宗教改革与农民战争发生于十六世纪初。参看本书序文三。

② 英国大革命发生于十七世纪（一六四〇——一六六〇年），这是反对君主专制，反对封建地主统治的资产阶级革命，克伦威尔是资产阶级所提出来的专政者，他镇压了平均派的运动。

③ 巴贝夫的共产主义，是根据在平等的思想之上，巴贝夫及其信徒认为要实现共产主义制度，就需要由共产主义者组成一个不大的阴谋的集团，来实行阴谋与政变。巴贝夫共产主义的这些特点，正反映那个成为近代无产阶级前身的阶级之不成熟的状况。——编辑部注

④ 恩格斯在这里是指空想社会主义代表汤麦斯摩尔（十六世纪）、康班尼拉（十六—十七世纪）著作中关于没有私有财产的理想社会制度的描写。——编辑部注

这个新思想所表现的最初的形式是斥责一切人生享乐的禁欲的，有似于巴达式主张的共产主义。其后，出现了三大思想家：圣西门，他除无产阶级的倾向以外，还有资产阶级倾向的某些影响；傅立叶；最后是欧文，欧文居于资本主义生产最发达的国家，受到这一生产方式所产生的各种矛盾的影响，于是他有系统地发挥自己的消灭阶级差别的方案，制成直接与法国唯物论相联的那种体系。

上述三位乌托邦主义者（空想家）的共同特点，即在于他们都不是提出自己为当时顺着历史发展起来的无产阶级的利益之代表。乌托邦主义者和启蒙学派一样，也想建立一个理性及永恒正义的王国。但是他们的王国和启蒙学派的王国相较，实有天壤之别。在他们看来，根据启蒙学派的原则而建立的资产阶级世界，也是不合理的，不公正的，所以应该和封建制度及一切以前的社会形式一样，同被毁除，真正的理性及正义法则之所以迄今尚未治理世界者，那是在于它们还未真切地被人所认识，所缺的正是那种富于天才的人物，这样的人物，现在有了，而且把全部真理认识了；天才者之所以在现在方才出现，真理之所以在现在方被认识者——这个事实，在他们看来，并不是历史发展总的进程所造成的必然结果与不可避免的事件，而是一种侥幸的偶然事件。这样的天才者，在早五百年前，也同样顺利地可以产生，如果这样，那人类就可以免去五百年的无谓错误、斗争与痛苦了。

我们已经看到十八世纪的准备了革命的法国哲学家，如何求助于理性，把理性当作一切现状的裁判者。他们要求建立理性的国家，理性的社会，要求无情地毁灭一切与永恒理性相反的东西。

我们也已看到，这个永恒的理性，实际上不是别的，正是当时中产市民的理想化的悟性，此种中产市民，那时正在发展成为近代的资产阶级。

可是后来，当法国革命实现了这个理性的社会与理性的国家之时，就明显地看到这个新的制度，虽然比较旧制度合理些，但还是离绝对的合理很远。理性的王国限于完全的毁灭了。卢梭的社会公约，在恐怖的统治中[①]找到了自己真实的实现。失望于自己政治能力的资产阶级，为着在恐怖中挽救自己起见，开始求助于贿赂执政府，更复托庇于拿破仑的专制政治之下，早先允诺的永久的和平变成了无穷的掠夺战争。[②]

理性的社会制度，也没有遭受较好的命运。富有与贫穷间的对立，不但是没有化为全社会的幸福，而且反因那种沟通对立的行会制度以及其他特权的废除，因那种稍为减轻贫富对立的宗教慈善设施的废止，而更加尖锐化起来。现在在事实上所实现的脱离封建桎梏的“财产自由”，对于小资产者与农民，不过是在大资本与大农业强大竞争压迫之下出卖他们小财产的自由罢了：正是这些大财产，使“财产自由”对于小资产者转为脱离财产的自由。

建筑于资本主义的产业之迅速发展，使工人群众的贫穷与困苦成为一种社会生存的必要条件。金钱的收付，像卡拉易尔（Carlyle）[③]所说的，成为这一社会的唯一的联系因素。犯罪之数一年增加一年，以前的无耻的白昼横行的封建时代的罪行，虽没有消灭，但变成次要的了，可是以前暗下

① 在一七九三——一七九四年以甲可宾党（革命的小资产阶级及劳动贫民的代表）为首的法国革命政府采取恐怖统治来作为与反革命斗争的手段。——编辑部注

② 执政府是一七九四年法国资产阶级在推翻甲可宾党专政后所建立的政府。执政后从一七九五年继续存在到一七九九年，以后被拿破仑第一所推翻。拿破仑开始称为统领，后来便宣布为皇帝，他指挥法国进行许多侵略的战争。——编辑部注

③ 卡拉易尔是英国封建社会主义的代表之一（见《共产党宣言》）。——编辑部注

偷做的资产阶级的罪恶，现在却狂放其花了，商业日益更甚地带着欺诈性。革命的箴言“博爱”，实际上只表现于竞争中的诡计与嫉视。贿赂代替了暴力的压迫，金钱代替了枪尖成为社会权力的主要来源。初夜权从封建的领主传于有钱的厂主。卖淫增加到空前的程度，甚至婚姻的本身依然和以前一样，是一种法律所承认的卖淫形式和卖淫的官式的掩盖，而且此外还有普遍的通奸事件来补充。总而言之，和法国启蒙学派所作的华美的约言相较，“理性的胜利”所造成的社会及政治制度，只是一幅引人深刻失望的讽刺画。所缺少的，只是写定这种失望情形的人罢了。可是这种人，在新世纪来到时也就出现了。在一八〇二年出版了圣西门的《日内瓦书翰集》，在一八〇八年出版了傅立叶的第一部著作，虽然他的理论的基础是早在一七九九年时规定的了，但在一八〇〇年一月一日欧文还是接受了纽拉纳尔克厂的管理。

当这时候，资本主义生产方式以及与之相联的资产阶级与无产阶级间的对立，还很少发展。刚在英国产生的大工业，在法国还完全不知道。可是只有大工业会一方面发展它所造成的诸阶级间的冲突，并发展它所造成的生产力及交换形式间的冲突，只有这种大工业所造成的冲突，才使生产方式中的革命与生产方式的资本主义性质的废除，成为一种迫切的需要；另一方面也只有大工业在这些伟大的生产力中发展着可以解决它所造成的矛盾之手段。如果在一八〇〇年时，那种从近代社会制度上产生出来的矛盾才开始发生，那末，可以解决这个矛盾的手段自然是更少了。如果巴黎的无产群众，在恐怖时期，短时地获取了统治权，使资产阶级革命转向反对资产阶级的本身，那末，在这上面，他们正表明，在那时的条件之下，这些群众是如何不能有巩固的统治。无产阶级还没有从一般无产群众中分离出来。那时它还只是正在产生的阶级的萌芽，它还不能作独立的政治行动，它还表现出只是一种受苦的被压迫的群众，由于它无力帮助自己，所以最多只能从外部、从上层来帮助它。

这种历史的情况也支配了这些社会主义的创造者。不成熟的理论，正和不成熟的资本主义生产状态、不明朗的阶级情况相适应。解决社会问题的方法，既然还在不发达的经济关系之中隐藏着，那么他们就不能不从脑子里造出这种方法来，社会所表现的只是不幸状态；明达的理性之任务，即在消除这种不幸状态，应用宣传方法，在可能的时候，更用模范的经验的例子，从外部把这种制度推行到新社会中去。这样的新社会制度，自然一开头就不得不陷于空想，它们愈是被规定得详尽细密，愈是堕于纯粹的空想。

我们指出这一事实以后，我们就将不再继续详说，因为问题的这一方面是已属过去之事了。让一些文学上的杂货店主煞有介事地去挑剔这些可笑的幻想，而以他们自己思想方式的谨慎，优胜于这种“狂乱”（指三大空想家——译者）来自豪吧！而我们所极其喜悦的，却是能享用最初社会主义者天才思想的萌芽，这些思想在幻想的外壳之下，散布于他们的著作之中，可是俗人却瞎着眼看不见这些。

圣西门可以说是法国大革命的产儿，当大革命爆发时，他还未满三十岁。这次革命，是第三等级即全国大多数的从事于生产和贸易的人们对于以前享有特权的游惰等级（贵族和僧侣）之胜利。但第三等级的胜利，事实上乃是这个等级中一小部分人的胜利；这胜利只使这个等级中享有社会特权的一部分人——富有的资产阶级——夺取了政权。而且这种资产阶级在革命过程中，更加迅速地发展起来，一方面由于他们对当时被没收和以后被拍卖的贵族和教会的地产，实行投机取利；另一方面由于他们承办军用品，向国家敲竹杠。正是这种投机者的统治，使得法国大革命在执政府时代陷于破产，并使拿破仑得以有借口来举行他的政变。因此，在圣西门头脑中，第三等级和特权等级中间的斗争就采取了“劳动者”和“游惰者”中间斗争的形式。所谓“游惰者”不仅指旧时特权等级的人们，举凡不参加生产和贸易而依赖利息为生的人都包括在内。所谓“劳动者”不仅指雇佣工人而言，而且厂主、商人、银行家也算在里面。“游惰者”失去了精神领导和政治统治的能力——这是毫无疑义的，而且已经由革命确定地证明了。可是照圣西门的意见，恐怖时代的经验还证明贫穷人民也没有这种能力。那么究竟谁应该领导和统治呢？据圣西门的意见，担任这种责任的，应当是科学与工业，它们被新的宗教联系结合成为必然神秘的和等级森严的“新基督教”，而这种“新基督教”，则应该恢复从“宗教改革”时代以来所被破坏的宗教思想的统一。可是科学，这就是科学家，而工业则首先是积极的资产者，厂主、商人、银行家。固然，这些资产者据圣西门意思应该成为一种国家的官吏，成为全社会所信任的人，但对于工人他们则还保持发号施令与经济上的特权地位。至于银行家，他们则是要以信用的调剂，来调剂整个社会的生产的。这样的见解是完全适应于那一时代的，那时，在法国，大工业以及连带而来的资产阶级和无产阶级间的对立刚刚开始发展。但圣西门特别着重指出的乃是这点：即他无论何时何处首先关心于“人数最多兼最贫穷的阶级”（《*la classe la plus nombreuse et la plus pauvre*》）的命运。

在其日内瓦书信中，圣西门已经提出这样的原则，就是“一切人都应当劳动”；在同一著作中，他也已经指出，法国恐怖时代的统治，即是贫穷阶级的统治。他告诉他们道：“你们试看，当你们的同志统治着法国的时候，法国发生什么事情：他们造成了饥饿！”他在一八〇二年就了解到法国革命，不仅是贵族和资产阶级中间的阶级斗争。这已经是天才的发现了。在一八一六年，他又声明说，政治学是关于生产的科学，并预言政治学将要被经济学所完全包括。如果在这上面认为政治条件是政治机构的基础底那种思想，还只是表现于一种萌芽的形式，那末，下列的思想已经被明显地指出来了：就是，统治人的政权，应当转变为对于事物的管理以及对于生产过程的指导，就是说，走向“国家的消除”，关于这点，最近是甚嚣尘上的。他在一八一四年正当联军攻入巴黎以后不久，并在一八一五年当百日战争[①]的时候，又以同样的比他同时人更优越的见解，宣言说，法国和英国同盟以及此两国和德国同盟，是欧洲和平发展和繁荣的唯一保证。必须有极大的勇气和历史的远见，才敢在一八一五年向法国人宣传与滑铁卢（Waterloo）的战胜者建立同盟！

如果从圣西门那里，我们可以找到一种真正天才的远大的眼光，凡以后社会主义的、差不多一切的思想，除开严格的经济思想以外，都可以在他那里找到萌芽的话，那么从傅立叶，我们就可以找到一种对于现存社会制度的深刻动人的批评，这种批评是带着十足法国人的尖刻味道的。傅立叶抓住了资产阶级的话，抓住了其革命前狂热的预言家以及其革命后所收买的赞美者的话，他不客气地暴露资产阶级世界的物质的和精神的贫困。他拿这种贫困来和以前启蒙学者的辉煌的约言相比较，因为启蒙学者曾预言了那种理性的王国和那种给予一切人以幸福的文明之来到，曾预言了人类达到无限美满的能力。傅立叶揭破近代资产阶级思想家的华美辞句的空虚，指出与他们的好听辞句相对应的是如何可怜的实际。他尽情地嘲笑这

---

① 拿破仑第一的侵略战争，结果是拿破仑失败。几乎一切欧洲国家，以资产阶级的英国和农奴制度的俄国为首，组成一个联盟来反对法国。一八一四年，巴黎被联军所占，拿破仑不得不退位，一八一五年，拿破仑企图恢复自己政权并与联军进行了新的战争（百日战争），但又在滑铁卢战败，被联军所执，流放于圣赫勒拿岛，而死于岛上。——编辑部注

种空洞辞句的不可救药的破产。傅立叶不仅是批评家，因其轻快的本质，他还是一个讽刺家，而且甚至是自古以来最大的讽刺家之一。他用巧妙的同时令人发噱的辞句，描写了革命低落时代法国整个商业中盛极一时的投机的欺骗行为及小商贩习气。尤其成功的，是他对于资产阶级社会中两性关系和妇女社会地位之讽刺的详述，他第一个宣言道：在每一社会中，妇女解放的程度可以作为一般的解放之尺度。但傅立叶最特别的地方，还在于他的社会历史观。他将社会发展分为四个时期：蒙昧、野蛮、宗法和文明——他谓文明，就是指现存的开始于十六世纪的资产阶级社会：他指明文明社会怎样将野蛮时代所有的每一个简单形式的罪恶，转成复杂的双重意义的两面的虚伪的形式。他指出：文明社会是运行于一个不能克服的永远复活的矛盾之"罪恶循环"中，而时常达到与它原来所诚意期望的或假意期望的相反的结果。例如他说，在"文明社会中，贫困就是富裕本身所产生出来的"。我们可以看见，傅立叶用辩证法，是与他的同时代人黑格尔同样灵巧的，在当时有一个流行的理论，说人有进达美善的无限制的能力，傅立叶却与之相反，应用同样的辩证法，指出每个历史时代，各有其上升和下降的时期，并且他在说到整个人类的将来时，更往前发挥了自己的观点，像康德在自然科学发挥地球将来趋于毁灭的思想一样，傅立叶也在其历史观中包含了人类将来趋于毁灭的思想。

正当革命的风暴扫荡法国的时候，在英国也经过一次较不喧嚣的然而一样强大的革命。蒸汽和机器，把手工业工场转变为近代的大工业，并因此使资产阶级社会的整个基础都发生了革命。手工工场时候的慢性的迟钝的发展进程一变而为生产的真正狂飙突起的时期了。社会一天快似一天地分化为大资本家和没有财产的无产者。在这两个阶级中间，代替旧时的稳定的中层阶级而出现的，是不稳定的手工业者和小商人的群众，他们过着非常动摇的生活，并成为全人口中最流动的部分。当时新的生产方式还只处在向上发展的最初阶段，它还是正常的并在当时条件下唯一可能的生产方式。可是这种生产方式那时已经产生出明显的社会的苦痛。在大城市的最恶劣的陋巷里，麇聚了许多无家可归的人民大众，一切旧时留传下来的联系，社会的家庭生活，以至家庭本身，被破坏了，劳动时间被可怕地延长，尤其是对于妇女和儿童，广大工人群众，突然被转移到一种完全新的生活条件下，从乡村转到城市，从农业转到工业，从稳定的生活条件转到每日变化的不可靠的生活条件，这样使他们的道德遭受了破坏。

于是那时出现一个改革家——一个二十九岁厂主，这人具有孩子似的纯洁的天真烂漫的性格，同时又是一个世上所少有的天生的首领。他（欧文）领略了十八世纪唯物论者的学说，即认为，人的性格，一方面是遗传机构的作用之产物，另一方面是在人的一生特别是在其发展时期人的周围的环境之产物。与欧文同阶级的人们，大多数在产业革命中只看到混沌和纷乱，便于他们用来浑水摸鱼，迅速发财。可是欧文则在产业革命中看到实行他的得意理想以便在混乱中建立秩序的一个良机，他已经在曼撤斯特[①]，在一个他当经理并且有五百个工人的工厂中，作了试验而且取得了成效。从一八〇〇年至一八一九年，他以股东兼经理的资格，用同样的精神来管理苏格兰新拉纳克大纱厂。这一次他有更大的行动自由，得到了更大的成效，使他的名誉很快就传遍欧洲。新拉纳克的人逐渐增加到二千五百，这中间包括极其复杂而且大部分是极其恶化的分子，可是欧文将这些人转变成模范的新村，其中，没有了酗酒、警察、刑事法庭、审判、贫困救济和私人慈善事业。

① 现通译为曼彻斯特。

他之所以会达到自己目的，只是因为他使得能够受到较合于人的地位之条件，特别是他注意到了对于逐渐成长起来的一辈工人的教育。在新拉纳克，首先创立了幼稚园，这是欧文所想出来的。幼稚园接受两岁以上的儿童，他们在幼稚园中，快乐地生活着，使得他们父母简直困难把他们领回家去。正当他的竞争者强迫工人每天劳动十三小时至十四小时的时候，欧文却在新拉纳克工厂里减少劳动时间至十小时半。当棉业恐慌使工厂停止四个月工作的时候，工人还继续支领全部工资。可是不管所有这些，工厂的产业的价值还是增加到了一倍以上，而且一直到结束时为止，总是经常派给各股东以优厚的利润。

但这一切，都还不能使欧文满意。他的工人的生活，在他眼中看来，还远不是合于人的地位的生活。他说道："这些人是我的奴隶"，新拉纳克工人比较良好的生活条件，远不能使人的性质和聪明完全地合理地发展起来，更说不上使人自由舒展其力量与才能了。"可是这二千五百人中劳动的一部分人替社会生产的真实财富数量，等于半世纪前六十万人所生产的数量。我自问：这二千五百人所消费的物品量和以前六十万人所应消费的物品量间的差数，究竟往哪里去了呢？"答复是明确的。这个差数，除了付股东的原来资本以百分之五的年利以外，还付给他们以三十万金镑的利润。新拉纳克已经是这样，英国一切其他工厂更加是这样了。"没有这一种机器所造成财富的新源泉，就不可能进行推翻拿破仑的战争，来恢复贵族的社会制度的原则。而这个新的力量，乃是工人阶级所创造！"[①] 这一力量的果实，因之也应该属于工人阶级。新的雄伟的生产力，以前只使少数

---

① 摘录欧文寄给一八四八年法国临时政府和欧洲红色共和党人共产主义者与社会主义者的《心上和实际上的革命》一书，这书同样寄给女皇维多利亚及顾问们。——恩格斯注

人发财而群众反受奴役。照欧文意见，以后应该变成改造社会的基础，并且成为一切人的公共的财产，来为一切人谋共同的幸福。

这种纯粹营业的观点，也可以说就是商业计算的结果，产生了欧文的共产主义。这种共产主义，彻底保持了此类实际的性质。这样，在一八二三年，欧文提出了以共产主义新村办法来救济爱尔兰贫困的计划，在这份计划上，他详细地计算了建设的资本，常年的用费和大约的收入。在欧文关于将来社会的最后计划中，他特别注意事业的技术方面。他制定了一切详情附上预测的计划图样与画片。所有这些，都表示出他是如此的熟知其事，使得人们如果接受了他的改革社会计划，那么，在详细的技术上，即使从专家的眼光来看，也是很少有可以反对的地方的。

走向共产主义，是欧文生活上的一个转变点。当他的活动是单纯慈善事业的时候，他获得了财富、赞扬、声望与名誉。他是欧洲最有名望的人。不仅他的同阶级的人，就连国家要员与皇家亲贵也都点头倾听他的讲话，但当他主张共产主义的时候，情况即刻改变了。照他的意见，有三个大的障碍阻止社会改革，就是：私有财产、宗教和现代的婚姻形式。他知道，一旦开始和这些障碍作斗争，他就将被逐出上流社会并失去社会地位，但这绝对不能丝毫减弱他对三个障碍的无情攻击的力量。结果他所预料的事都发生了。他被逐出上流社会，舆论界对他封锁，而且他的全部财产因在美洲的共产主义试验的失败而丧失了，他变得贫困，于是他直接求助于工人，在三十年中积极地在工人中间活动。当时英国一切社会的联动以及英国工人阶级所达到的一切真实的进步，都是与欧文的名字相联系的，例如在一八一九年，由于他五年的努力，通过了第一个限制工厂中女工和童工劳动的法律。当全英国工会联合成为一个总的大的职工会[①]之时，他是这个第一次大会的主席。他采取了一些办法，作为向着完全共产主义社会制度去的过渡办法，他一方面组织了合作社（消费的、生产的），这些合作社往后至少在实际上证明，社会上没有商人和厂主是可以存在下去的，在另一方面他组织了劳动商场，在这商场上，物品交换不用金钱作媒介，而只用“劳动券”作媒介，这券的单位是一小时的劳动。这样的商场是必然要失败的，但它却完全是后来蒲鲁东的交换银行[②]的先驱者，其不同处，在于欧文并不认为他的交换银行是医治一切社会恶病的万能良药，而只是把它作为走向更急进的整个社会改造的步骤之一罢了。

乌托邦主义者的世界观，曾支配了十九世纪的社会主义思想，而且直到现在也还有一部分受其支配。一切法国的和英国的社会主义者，以及旧时的德国共产主义者，连魏特林在内，在不久以前，都还保留这种思想。在这些人看来，社会主义是绝对的真理，是理性与正义的表现，只要有人将它发现出来，它就能够以自身的力量去征服全世界。而且因为绝对的真

---

① 在一八三三年十月，欧文在英国工会代表会议上当主席，在这会议上通过了将英国工会组织为全国联合的决定。产生于一八三四年的全国职工会大联合，是在全国范围内建立英国职工联合组织的最初尝试。在一八三四年末，这一组织停止了自己的存在。——编辑部注

② 蒲鲁东（一八〇九——一八六五年）是法国小资产阶级的乌托邦主义者与无政府主义的始祖，他认为在当时往前发展的资本主义下，解脱一切痛苦的方法，不是在于往前走向社会主义的运动，不是在于无产阶级为着社会主义制度而进行的阶级斗争，而是在于倒退到小财主的独立生产者的制度上去，这种制度，要以小的私有财产为基础，并且不要有雇佣劳动剥削，他的交换银行，就应当为此而工作。根据蒲鲁东的方案，这一银行，应当按照小“生产者”在其生产品上所花费的劳动来实行他的生产品的交换（“劳动换劳动”），并且用这方法，使他们的小生产与小私有财产能够免除破坏、贫困与毁灭。关于工人，那么要把他们从资本主义剥削下解放出来，也同样要依靠交换银行，这一银行，也要把他们转变为独立的小生产者。——编辑部注

理是没有时间性和空间性，并与人类的历史的发展没有关系的，所以它在何时何地被发现是完全偶然的事。绝对的真理、理性与正义，在各学派的创始者看来是不同的。这是因为每一学派的某种绝对真理、理性和正义是被该创造者的主观认识、生活条件、知识程度及思想方法所决定的，所以为了调和各种形式的绝对真理之间的冲突，就只能将他们相互间矛盾的地方磨去。可是，从这上面我们只能得到一个折衷的社会主义。这种社会主义，事实上，直到今日还支配着英法两国大多数的社会主义劳动者的头脑。折衷的社会主义简直是一种庞杂的混合品，包含最为大家所承认的批判的论调、经济的原理以及各学派始创者对于未来社会的描画——这种混合品的组成部分，在辩论潮流中，像石块在河中一样，愈加迅速地磨平其锋棱尖角，那么这种混合品的造成，也就愈加容易。为了要使社会主义变成科学，就首先必须使社会主义立足于真实的基础之上。

Ⅱ

这时与十八世纪法国哲学相并立且继之而起的，有新的德意志哲学，它到黑格尔达到登峰造极的地步。它的最大功绩在于恢复辩证法，把它作为最高的思维形式。古代希腊的哲学家都是天生的辩证论者，他们中间最渊博的学者——亚里士多德——已经研究了辩证法思维最基本的形式，在近代哲学中，虽然也有卓越的辩证法的代表（例如笛卡儿及斯宾诺莎），可是这种辩证法更厉害地拘束于形而上学的思维方法——特别是因为英国的影响——此种思维方法，差不多完全统治了十八世纪的法国人，至少是在他们专门的哲学著作上。可是，在专门哲学领域之外，他们也能作些辩证法的妙语；我们只要指出狄台罗[①]的《腊摩[②]之侄》及卢梭的《人间不平等的原因论》就够了。在这里，我们简短地指出两种思维方法的要点。

如果我们留意考察自然、人类历史或我们自己的精神活动，那么我们首先见到种种联系及交互作用的无限错综的画面，在这中间，没有任何东西，保持它原来的性质、场所及状态，万物皆动皆变，皆生皆灭。所以我们首先看到一般的图画，在这图画中有个别部分多少是被隐藏着，我们对于运动进程、转变与联系的注意，比较对于发生运动、转变与联系的是些什么东西的注意，来得更大。这个原始的、朴素的但实质上是正确的宇宙观，正是古代希腊哲学的宇宙观，它最初由海拉克立特（Heraklit）明白地发表出来：万物存在着，同时又不存在着，因为万物皆在流动，万物皆在永恒的变更中，皆在不断产生与消失的过程中。这种见解，无论怎样正确地抓住了现象的整个的画面的一般性质，可是要解释构成整个现象的个别部分，则其实是不够的；但若我们不能知道这些，那么整个现象也是不能明白的。为认识这些个别部分起见，我们应该把它们从自然或历史的联系中抽取出来，加以分别的研究，考察每部分的特性及特殊因果关系等，这首先是自然科学及历史研究的迫切的任务——这些科学部门，因为极显著的理由，在古典时代希腊人的研究中，只占着次要的地位，因为他们首先不得不搜集必要的材料。只有当自然科学与历史的材料被充分地搜集之后，方才能够加以批判地分析与比较，并分成各个等级、各个种类与各个形式。自然界的精密研究的方法，以后只在亚历山大时代[③]，才由希腊人

① 现通译为狄德罗。

② 现通译为拉摩。

③ 科学发展的亚历山大时代，是指纪元前三世纪到纪元后三世（转下页）

开始发展，之后在中世纪时，更进一步为阿拉伯人所发展，可是真正的自然科学，只是从十五世纪后半期开始，从这时候起，它以更大的速度往前直进。自然界中个别部分的分析，各种自然现象和自然物品之分成一定门类，有机体内部的各种部分的解剖的研究——所有这些，都是最近四世纪来对于自然科学知识的伟大进步之基本条件。可是这种研究，同时也传给我们一种习惯，把自然物及自然现象，各别观察，把它们置于一般的联系之外——不是从运动状态中去观察，而是从静止状态中去观察；不是被看作本质上变化的事物，而是被看作永恒不变的事物；不是被看作活的，而是被看作死的。以后培根与洛克就把这种见解，从自然科学移植到哲学的领域上，这样的对于事物的见解，造成了数世纪来特殊的狭隘观点——形而上学的思维方法。

在形而上学者看来，事物及其在人脑中的反映即概念是孤立的、不变的、固定的、永久如此的对象；它们应当各别的、前后不相联地被研究。形而上学者在绝对不能相容的对立思维中，他的话即是：是——是，否——否；除此以外，即是鬼话。在他看来，任何事物，或是存在，或是不存在；同样的某一事物，不能同时等于自己又等于其他事物。正面与反面，绝对是互相排除的；同样的，在原因与结果之间，也存在着完全的对立。我们初初一看，这种思维方法是很合理的，因为它正是人的常识所习用的。可是，人的常识，在家庭四壁之内的生活范围中，虽是极为尊敬的伴侣，但一踏上广大的研究的世界时，它就立刻经阅最可惊的变故；无论在某一多么宽广的领域中（宽广程度，要看研究对象的性质），形而上

（接上页）纪之间的时代，这一时代，是因当时埃及的亚历山大港（地中海海岸的港口）而命名的，这海港那时是国际经济关系的最大中心之一。在这时代，精密科学自然科学如数学、地理学、天文学、解剖学、生理学等，得到了颇大的发展。

学的思维方法，是如何的合用甚至必要，可是迟早，它总要遇着一定的界限，在这界限之外，它就变成片面的、狭隘的、抽象的、思维方法，而陷于不能解决的矛盾之中。因为它只顾到个别的事物，而不见它们的联系；只顾到它们的存在，而不见它们的产生与灭亡；只顾到静止状态，而不见它们的运动：一言以蔽之，只顾到个别树木，而不见森林。例如，在日常生活中，我们知道，而且可以确定地说：某种动物，是否存在；可是在精密的研究之时，我们看到，这个问题是极端复杂的；大凡律师都是熟知这种困难的，他们想发现胎儿在母亲子宫内究竟超出何种合理的界限之时才算是被谋害，可是毫无结果。同样的，死的时间也是不能确定的，因为生理学证明，死并不是一种突然的倏忽完成的事，而是很迟缓的一个过程。同样的，每一有机体，在某一瞬间，既是这个，又是别个，在每一瞬间，它总是消化着那些自外间摄取来的物质，排泄他种物质；在每一瞬间，它身体的某些细胞死亡，而一些新的细胞则又产生；在经过较长的时间后，这个身体的物质，完全变成新的，而为别的原子构造所代替，因之每一有机体，常常是自己，同时又是别个。另外，在更精密地观察之时，我们可以看到，某种对立的两极，例如正面与反面，既相对立，同时又不能相互分裂，而且无论怎样对立，它们还是互相浸润；同样的，原因与结果，只是一种概念，它们本身只在应用于个别的场合时才有意义；可是我们如果从其对于整个世界的总联系上来研究这些个别的场合，那么这些概念，就融化为普遍的交互作用的概念，在这中间，原因与结果，互相交替，所以现在或此地是结果的，在另一地方，在另一时候，就是原因了；反过来看，也是如此。

一切这样的过程，这样的思维方法，是不能装入形而上学的框子内的。反之，辩证法对一切事物及其在思想上的反映，基本上是从它们的联系上、错综上、运动上、生灭过程上去理解的，所以在辩证法看来，上述的现象，正是证实辩证法。自然成为辩证法的证据，而近代自然科学对于这个证据正供给了极丰富的而且日益增加的资料。它证明，在自然界中，一切事物的进行终究是遵循着辩证法，而不是遵循着形而上学的见解，证明自然界不是在永久单调的经常重复的循环中运行着，而是经历着真正的历史。这上面首先应当指出达尔文，他给了形而上学的自然观以最有力的打击，证明出整个近代的有机界，植物动物以及人类，都是几百万年来发展过程的结果。可是因为直到现在，能够用辩证法去思维的自然科学家还是屈指可数，所以科学的成果与上述形而上学的思维方法间的矛盾，就引起了现在统治于理论自然科学上的无限的混乱，而使教员、学生、作者、读者，都同样地陷于绝望的地步。

所以关于整个宇宙，它的发展与人类的发展以及这种发展在人的头脑中的反映，关于这些，如要得到精确的观念，那么，就一定要用辩证法去思维，一定要经常顾到产生与消灭、进步的变化与退步的变化之间的一般的交互作用。新的德意志哲学，正是在这个观点上诞生的。康德的科学生涯的开始，就是打破牛顿所主张的太阳系自从有名的初次冲击以来便固定不变而且永久存续之学说，而把太阳系当作一个历史的过程，他（康德）说明太阳及其他行星，是由回转的云雾形成的。在这上面，他已经作出这样的结论，即太阳系的产生，指出太阳系在将来也要进入不可避免的毁灭。半世纪以后，他的学说得到拉普拉斯的数学上的证明，再过半世纪后，多光镜更证明了在宇宙的空间，尚存在着种种浓度不同灼热的气体。

这个新的德意志哲学完成于黑格尔的体系中，黑格尔的最大功绩在于他把整个自然的、历史的及精神的世界，都看作一种过程——永恒的运动、变化、改造及发展的过程；他企图发现这些运动与发展中的内在的相互联系。从这个观点上来看，人类的历史，已经不再是无意义的暴力底纷乱纠缠了（这种暴力，在当时已经成熟了的哲学理性的法庭之前，是一概应受申斥的，是愈早能忘却愈好的）。相反的历史成了人类本身发展的过程，现在思想家的任务，即在于从一切迷乱中，追踪这一过程的依次发展的阶段，并在一切表面的偶然性中证明出过程的内在的规律性。

黑格尔没有解决这个任务，这在此地是没有关系的。他的历史的功绩，在于他提出了这个任务，而解决这样的任务，则一个人是永不能够的。虽然黑格尔和圣西门一起是当时最渊博的学者，可是无论如何，他总是有限的。第一，他受自己智识的不可避免的限制；第二，他为他的时代底知识与见解的范围与深度所限制。此外，还有第三个原因。黑格尔是唯心论者，就是说，在他看来，他自己的观念，不是已存事物与现象的多少抽象的反映，而是，相反的，在他看来，事物及其发展，只是“理念”[1]所表现的形象，此种“理念”在世界成立以前，是已经在什么地方存在的了。这样，在他学说中，一切都被颠倒过来，世界现象的真实联系完全被倒置了。所以黑格尔虽然对于某些个别现象的相互联系，作了不少正确的天才的结论，但因上述的原因，所以甚至在他的体系的详尽部分中，也有许多是补缀的、文饰的、虚构的——一言以蔽之，是错误的。黑格尔的体系，在其体系上看来，是一种巨大的小产，可是也是这样小产的最后的一个。此外，它还包含不能解决的内在矛盾：一方面，黑格尔体系的基本前提，是其历史观点认为人类历史是一种发展的过程，这一过程，根据它的本性，是不能在人的知识上发现绝对真理的；但在另一方面，黑格尔的体系，又妄想自己就是这样的绝对真理的总结。包罗万物的永远完成的认识

① 黑格尔哲学中，“绝对理念”这一名词，隐藏着神的观念，这种概念掩盖着“对于造物者的信仰的残余”。——编辑部注

自然及认识历史的体系，是和辩证法思维的基本法则相矛盾的，不过这种情形，并不排斥而是认可这个见解，即：整个外部世界的有系统的认识，可以逐渐地得到更伟大的进步。

了解了历来统治于德意志的唯心论是完全错误的以后，就必然归趋于唯物论，但是记住，这绝不是归趋于单纯形而上学的完全机械的十八世纪唯物论。旧唯物论中，朴素革命观简单地否认了全部以前的历史；近代唯物论，与之相反，它把历史看作人类发展的过程，而以它的运动法则的发现作为自己的任务。十八世纪法国人以至黑格尔都以为自然界是一个不变的，运行于有限的循环中的统一体，有永恒的天体（如牛顿所说的），有不变的有机体的形态（如林耐所说的）——近代的唯物论，则与这个观点相反，综合了自然科学的最新进步。根据这些进步来说，自然界也有它自己的时间上的历史；各重天体也和那些在适当条件下成长于各天体上的有机物一样，同是有生有死的；而宇宙的循环运动，如果我们可以想象得到的话，那么是无限大的规模的。在这两个场合上，近代唯物论，在本质上说来都是辩证法的，而再不需要任何站在其他科学之上的哲学。既然要求了每种专门的科学，都须阐明它自己在世界事物以及对于这些事物认识的总体系中的地位，那么关于它们的总的联系的任何特殊科学，就变成不必要的了。这样，以前的哲学只留下了一部分保持独立的意义，这一部分就是关于思维及其法则的学说——形式逻辑及辩证法。其他一切，都归属于自然及历史的实证科学中了。

如果自然科学宇宙观上的这种变革，只在科学研究获得了确实的实证的知识之后，才能按步完成的话，那么在历史观上，在很早以前，已由许多显著的历史事实，引起了它的坚决的转变。一八三一年在里昂发生第一次工人的暴动，[①]在一八三八——一八四二年间，第一次全国的劳动运动，英国的宪章运动[②]达到了它的顶点。在欧洲最先进的国家里，一方面随着大工业发展的程度，另一方面随着资产阶级发展其不久以前所获得的政治统治权之程度，无产阶级与资产阶级间的阶级斗争，开始占取这些国家的历史的首位。资产阶级经济学家的学说认为资本与劳动的利益是一致的；认为自由竞争的结果，会形成人民总的协调与总的福利，这种学说的欺骗性质，已经日益显著地为事实所证明了。所有这些事实，现在都不能被置之不理了；同样的，关于这些事实的极不完全的理论表现，法国英国的社会主义，现在也不能被视若无睹了。但是旧的尚未完全消灭的唯心史观，是不知道任何依据于物质利益之上的阶级斗争，而且一般是不承认任何物质利益的：在它看来，生产以及一切经济关系只是“文化史”上附带提及的次要因素。新的事实使人们对于全部以前的历史，不能不作一番新的研究；于是就发现了，全部历史，除原始社会之外，都是阶级斗争的历史，这些互相斗争的社会的阶级，总是一定的生产及交换关系的产物，一言以蔽之，就是它的时代的经济关系之产物，因之某一时代的社会经济结构，

---

① 一八三一年里昂工人要求规定最低限度工资，实行罢工与示威，在示威时遭受枪杀，于是工人举行暴动。暴动的工人在全城市建立起障碍物，在几天内掌握了城市，只在政府派常备军帮助里昂资产阶级之时，暴动才被镇压下去。——编辑部注

② 英国的宪章运励（Chartist movement）发生于十九世纪的三十—四十年代，包括了英国工人阶级的绝大多数，而成为无产阶级的第一个独立的政治运动，在这一点上，像马克思恩格斯与列宁所指出的，正表示这一运动的巨大历史意义。运动之所以名为“宪章”者，是因为工人在一八三九年向国会致送了宪章，提出了他们的基本要求：（一）二十一岁以上的男子都有普选权；（二）每年改选国会；（三）国会议员都应领薪俸；（四）选举议员时举行秘密投票；（五）选举区平均；（六）取消国会议员候选人的财产条件。英国的工人阶级，在好几年内，通过罢工示威游行与武装行动，来为这些要求而斗争。——编辑部注

就形成了真正的基础，而各历史时代的法律、政治制度、宗教、哲学及其他观念等的上层建筑，归根到底，均应由这个基础来说明。黑格尔使历史观从形而上学下面解放出来，他使历史观变成了辩证法的，可是他自己对于历史观的观点还是唯心论的。现在呢，唯心论就从它的最后隐蔽所，从历史科学中，被驱逐出来了；现在历史观成为唯物的了，现在发现了新的方法，用人们的存在去解释他们的意识，而不是像以前那样，用人们的意识去解释他们的存在。

所以社会主义现在已经不被看作这个或那个天才者灵智的偶然发现，而被看作是两个历史发展的阶级（无产阶级与资产阶级）实行斗争的必然结果。社会主义的任务已经不是在于构思一种愈完善愈美好的社会制度，而是在于考察那种必然地产生上述阶级及其相互斗争的历史经济过程，并在这一过程所造成的经济情况中，找出解决这一斗争的手段。可是旧的社会主义，不能和这种唯物史观相容，像法国唯物论的自然观，不能和辩证法及近代自然科学相容一样。旧的社会主义，虽然也批判了现存的资本主义生产方式及其结果，但总不能把它说明，因之也就不能加以克服；旧的社会主义只是简单地把它看作恶事，而加以否认；旧的社会主义，对于资本主义生产方式所必然包含的剥削工人阶级的这一点，非常厉害地加以攻击，可是，它对于这种剥削内容如何、由何产生的这一点，却很少能够加以明白地解释。但事情却在于，一方面要说明这个资本主义生产方式产生的必然性以及这一生产方式与一定历史时代的历史联系，因此，也说明这种生产方式毁灭的必然性；另一方面，要暴露这一生产方式的内部直到那时尚未被发现的性质。这一任务，因剩余价值律的发现而被解决了。它证明了，无偿劳动的占有，是资本主义生产方式及其对于工人的剥削之基础。资本家即使按照劳动力的全部价值（劳动力既是商品，所以在市场上，也有它的价值），来购买工人的劳动力，他也总是从工人身上榨取着比他所付之数更多的价值；这种剩余价值，结局就集成巨量价值，而成为有产阶级手中所积累着的日益增加的巨量资本。资本主义生产方式的来源以及资本本身的生产，因此得到说明了。

这两种伟大的发现——唯物史观及揭破资本主义生产秘密的剩余价值论——我们是应该归功于马克思的。因着这些发现，社会主义现在变成了科学，现在只要把它的细目及联系更进一步发展就够了。

Ⅲ

唯物史观，从下述的原则出发，即：生产及生产之后的产物交换，是一切社会制度的基础，在每个历史的社会形态中，生产品的分配以及与之相伴的社会阶级或等级的划分，是依靠如何生产，生产之后如何交换的情形来决定的。根据这个观点，一切社会变革及政治革命的基本原因，不应该求之于人的头脑之中，也不是在于人们对于永恒真理及正义的往前增长的了解，而应该求之于生产方式及交换方式的变更。换句话说，这些原因，不应求之于哲学，而应求之于各时代的经济。人们逐渐地觉悟到，现存的社会制度是不合理的、不公平的；以前曾是合理的，现在变为荒谬的；以前的好事，现在变为恶事——这种觉悟只是一种表征，指示出在现在生产方式及交换形式之中，已经暗地里发生这样的变更，使适应着以前经济条件的社会制度，已经不能与这些变更相适应了。从上述的情形中，可以明白看到，就是：消灭这些已经造成社会祸害的手段，也应该以或多或少的发展的形式，具备于变更着的生产条件的本身之中。这些手段，绝不能“从头脑中”被发明出来，而应该以头脑之助，从现有的物质事实中去发现出来。

根据上述的见解，我们对于近代社会主义，应当怎么说呢？

一般都承认，现存的社会制度，是由现在的统治阶级——资产阶级——创立的。资产阶级所特有的生产方式——从马克思以来称为资本主义生产方式——是和封建制度的地方特权、等级特权以及人身的束缚，不能并容的；资产阶级破坏了封建制度，而在它的废墟上建立了资产阶级制度，建立了自由竞争、自由来往、商品所有者平权等的王国。一言以蔽之，建立了具备一切资产阶级性质的王国来。资本主义方式，现在可以自由发展了。自从以前的手工工厂因蒸汽机及机器的发明而转成大工业之后，在资产阶级统治之下所形成的生产力，以见所未见的速度与从来未有的范围往前发展，好像手工工厂及其影响之下所改进的手工业，在当时与封建的行会桎梏发生冲突一样，大工业在其更高发展的阶段上，也就不得不与资本主义生产方式所压榨着的范围，发生冲突。现在新的生产力已经超越了资产阶级的剥削方式。这种生产力与生产方式间的冲突，不像人的原始罪恶与神的正义之间的冲突那样，只是存在于人们的头脑之中，它（指生产力与生产方式间的冲突）客观地，在我们之外，不管造成它的人们本身的意志和希望如何，总是存在于现实的事实之中。近代社会主义，正是这种事实的矛盾在思想上的反映，正是它在头脑中的观念的反映，首先是它在直接受苦的工人阶级头脑中的反映。

这种矛盾，究竟在什么地方呢？

在资本主义生产未出现之前，即在中世纪，到处存在了以生产者私有生产手段为基础的小生产——在农村中是自由的或农奴的小农经营，在城市中是手工业。劳动手段——土地、农业工具、作场、手工器具——只是单独个人的劳动手段，只为个人应用，所以不得不带着碎小、粗陋、狭隘的性质。也正是因为如此，所以它们为生产者自身所有。把这些分散的碎小的生产手段集中起来，扩大起来，使之转化为近代生产的强有力的源泉——这就是资本主义生产方式及其代表（资产阶级）底历史作用。它（资产阶级）在历史上，自十五世纪起经过三个发展阶发——简单协力、手工工厂及大工业——来完成这个作用——这些已由马克思在《资本论》第四编中作了详尽的叙述（见马克思《资本论》第一卷，第四编，第十一、十二、十三章等。）像那里所证明的，资产阶级如要把这些有限的生产手段转为强大的近代的生产力，那么他们只有把单独个人的生产手段，转成只有多数人整个集合才能运用的社会的生产手段。纺纱机、织布机、机器锤等，代替了手纱车、手织机及手用锤，需要数百数千人共同劳动的工厂，代替了个人的作场。和生产手段一样，生产本身也从个人分散行动的系列，转成社会行为的系列。生产品也从个人的生产品，转为社会的生产品。现在工厂所出产的纱、布、金属品等，是许多工人的共同产品。这些产品，在完成之前，先要顺次经过他们许多人的手。没有一个工人能够说：这是我做的，这是我的产品。

在那样的社会内，即自然生长的，没有任何计划而逐渐发展的，分工成为主要生产形式的社会内，生产品必然采取商品的形式，商品的相互交换、买卖，使个别的生产者能满足各种不同的需要。在中世纪，情形就是如此。例如，农民把农业品卖给手工业者，而从他那里买得手工业品。在这样个别商品生产者的社会中，萌发起一种新的生产方式。这一生产方式，在统治于全社会的自然生长的没有任何计划而形成起来的分工形式中，产生了一种在个别工厂中，按照计划来组织的新的分工形式，在个人的生产之外，出现了社会的生产。两者的产品均在同一市场上发售，就是说价格大约相等。但是有计划地组织当然比自然形成的分工要有力些，社会的工厂的劳动产物当然比散漫的生产者的生产物要便宜些。个人的生产一一遭受失败，社会化的生产终于变革了全部以前的生产方式。但是它的这种革命性质，很少为人所认识，因之人们甚至相反的把这种新的生产方式，用来加紧和改进以前的商品生产。这种新的生产方式和一定的先它存在的生产因素及商品的交换因素，直接相联而产生，即和商业资本、手工业、雇佣劳动直接相联而产生。因为它是以一种新的商品生产形式来出现，所以商品生产所固有的占有形式，也对它保持全部的效力。

在中世纪所有的商品生产形式之下，劳动产品应属于谁的问题，甚至不会发生起来。个别的生产者，通常用自己所有的常由自己生产的原料，用自己的工具，用自己或自己家庭的劳动，来制造产品。他可以不必特地去占有这些产品，因为这些产品是自然地属于他的。这样，生产品的所有权，就是根据在自己的劳动之上。即使某些地方，有了别人劳动对于生产的协助，但他还是操着次要的作用，而且这种协助的人，除工资以外，还获得别种报酬；手工业的学徒及佣工，不仅是为了工资及伙食去劳动，他们主要的还是为了学习手艺，为了获得独立师匠的名义去劳动。可是以后，生产手段开始集中于大的工作场及手工工厂，它们开始转为事实上的社会的生产手段。但这些社会的生产手段与产品还是继续与以前一样，被人看作个人的生产手段与产品。以前，生产手段所有者，通常总是占有自己劳动的产品，而别人劳动的参与，只是一种例外，现在生产手段所有者还是继续占有生产品，可是生产品已经不是为他自己的劳动所生产，而是完全为他人的劳动所生产的了。因之，社会劳动的产品，不是为那些真正运用生产手段制造产品的人们所占有，而是为资本家所占有。生产手段及生产，在实质上，已经变为社会的了，但是它们所服从的占有形式，却还是以前那样的以个别生产者的私有生产为前提，由每人拥有自己产品并出卖给市场的那个时候的占有形式。虽然新的生产方式，毁坏了这种占有形式的前提，可是它还是服从于这种固有形式之下。①

新的生产方式的资本主义性质，所给予这种生产方式的矛盾，在其萌芽之时，已经把近代社会的一切冲突包含于自身之内了。当新的生产方式，在有决定意义的一切生产部门上，在经济上居主要地位的一切国家内，愈加占着统治地位，因之，也就愈加把个人生产的残余排除下去之时——那时社会化的生产与资本主义占有不能并存的性质，也就愈加明显地表露出来了。

像上面所说的，最初的资本家已经拥有现成的雇佣劳动的形式。但那时雇佣劳动还是一种例外，一种副业，一种对于工人的过渡情况。不时出去做短工的农人，自己有着小块土地，这土地的产物，至少能够供给生活。行会的规律，顾虑着现在的雇工以后可以成为师匠，可是当生产手段带上社会的性质而集中于资本家手中之时，一切都变了。个人小生产者的生产手段及产物，便更多地丧失价值，小生产者结果只得被雇于资本家。以前曾是例外或副业的雇佣劳动，现在变成了整个生产的通例及基本形式；它往昔是种副业，现在已经变成工人的专门职业了。短时的雇佣劳

---

① 在这里很显然的就是：占有的形态，虽然还是原来那样，可是占有的性质在上述过程之下所受到的影响，也不较生产的性质所受的小。我占有自己劳动的产品，抑或是占有别人劳动的产品——这自然是两种不同的占有形式。此地可附带论及的，就是雇佣劳动制，包含着全部资本主义生产方式的萌芽，可是，雇佣劳动是很早就存在的。在偶发的分散的形式之下，雇佣劳动曾经在好几世纪内与奴隶制度相并存，但是只有在必需的历史前提已被造成之时，这一萌芽方能发展为资本主义生产方式。——恩格斯注

动者，转成了终身的雇佣劳动者。此外，由于同时所发生的封建制度的崩毁，封建诸侯卫队的解散，农民从小块土地上的被逐等，终身劳动者的数量，绝大地增加起来。生产手段与生产者，发生了完全的分裂，生产手段集中于资本家的手中，而生产者则除劳动力以外别无任何财产，社会化生产与资本主义占有间的矛盾，表现于无产阶级与资产阶级的对立之上。

我们已经看到，资本主义生产方式萌发于个别商品生产者所组成的社会内，这些生产者是用交换他们的产品的方法来发生联系的。但是每个建立于商品生产之上的社会都有这样的特点，就是：在它内部，生产者丧失了统御自己社会关系的权力。每个人用其偶然所能支配的生产手段，为自己而生产，并用来满足自己特殊的交换的需要。谁也不知道，他所生产的那种产品，要有多少数量供给于市上，不知道他能够找到多少数量的消费者；谁也不知道，他的个人产品，究竟是否为人所需要，不知道他是否能够抵偿成本，不知道一般人是否能够卖去他的产品。在社会的生产中，充斥着无政府状态。可是商品生产，和任何其他生产方式一样，有它自己的、它所特有的、不能与它分裂的一些法则，这些法则，不管无政府状态如何，还是在无政府状态之中，经过无政府状态而表现出来。它们（法则）表现于唯一保留下来的社会联系之中，即表现于交换之中，而以强制的竞争法则的姿态，对生产者发生作用。在开始时，这些生产者并不知道这些法则，后来他们经过长期的经验，才逐渐将它们发现。因之，它们（法则）是不经生产者的参加，而且违反生产者的意志而运行的。这些法则，是他们（生产者）生产形态盲目进行的自然法则。生产物支配着生产者。

在中世纪的社会内，特别是在最初几百年，生产主要是以满足自己需要为目的的。它首先是为满足自己及其家庭的需要，在那些统治着人身隶属关系的地方，例如在农业上，一部分生产还用来满足封建主的需要。在这时候，没有何种交换，所以产品也没有带着商品的性质。农民的家庭，差不多生产了全部他们所需用的物品：工具、衣服以及食品等。只在除了他自己的需要以及必须缴纳于封建主的年贡以外还有剩余时，农民家庭才算生产了商品。这种进入于社会交换中的预定出卖的剩余产品，就成了商品。城市的手工业者，自然一开始就应当为交换而生产。可是就是他们，也生产大部分他们自己所需要的东西：他们有菜园及小块土地，他们在公共的林地上放养自己的牲畜，从这森林中，他们获得建筑的材料及燃料，妇女纺织麻与羊毛等。以交换为目的之生产，商品生产还在产生。因此，交换极少发展，市场有限，生产方式是稳定的，本地对于外方是隔离的，当地的内部是紧密团结的；在乡村中有马克（Mark，德意志的乡村公社），在城市中有行会。

但是，因商品生产的扩张，特别是因资本主义生产方式的出现，以前潜伏着的商品生产的法则，就更明显地，在更有力的形式之下表现出来了。以前的团结崩毁了，以前封锁的壁垒被破坏了：生产者更甚地转为割裂的个别的商品生产者。社会生产的无政府状态，明白地表现出来，而且采取了更大的范围。可是资本主义在社会生产中用来加重这种无政府状态的主要工具，却是无政府状态的反面，即在每一个生产企业中社会组织化加强。因这一力量之助，资本主义生产方式结束了旧时社会关系的和平的稳定的状态，这一生产方式，侵入产业的每一部门，而把旧的生产的法子驱逐出来。它驾奴了手工业后，就毁灭了手工业。劳动场地一变而为战场。伟大的地理发现[①]以及其后殖民地的建立，几倍地扩大了商品的销

① 伟大的地理发现是在十五世纪下半期十六世纪上半期，其中最重要的是一四九二年哥伦布发现美洲与一四九八年葡萄牙人佛斯哥、达伽马发现印度。——编辑部注

场，促进了手工业向手工工厂的转变。斗争不限于个别的地方生产者之中：地方的斗争，发展为民族间的斗争，为十七世纪及十八世纪的商业战争。[①]最后，大工业以及世界市场的产生，使斗争成为普遍化的斗争，同时使它拥有了空前未有的剧烈性。不仅各个资本家的，而且整个生产部门的，甚至整个国家的生存问题，都由是否拥有自然的或人工造成的生产有利条件来决定。败者无情地被人排除，这正是达尔文式的争取自身生存的斗争。[②]这一斗争，从自然界移于社会，而且更为剧烈了。在我们目前，动物的自然状态变成人类发展的焦点。社会化生产与资本家占有二者之间的矛盾，表现成为个别工厂中生产组织化与全社会中生产无政府状态中间的对立。

因为资本主义的起源如此，所以此种矛盾也就成为它的固有物，资本主义生产方式就没有出路地运行于上述矛盾的这两种表现形式之中，它不能脱离“罪恶的循环”，这在以前是已为傅立叶所发现了。自然，在傅立叶时代还不能指出，这种循环，要逐渐缩紧起来；生产的运动要成为螺旋形的状态，结果和星球的运动一样，不得不与中心点发生冲突。社会生产的无政府状态之压力，使日益增加的大多数的人民转成无产

---

① 十七、十八世纪的商业战争，发生于葡萄牙、西班牙、荷兰、法国与英国之间，它们所争夺的，是对于印度与美洲的贸易以及对于它们的殖民地的剥削，在这些战争中，胜利者是英国，英国到十八世纪末，支配了全世界的贸易。——编辑部注

② 根据达尔文学说，一切物种的发展，是因为：(一）它们在争取生存的斗争中有获取新的特质以适应周围环境的能力；(二）有遗传性，就是新得的特质，能够遗传给后代；(三）在生存斗争中，优胜劣败，物竞天择。恩格斯说：“达尔文没有意识到，他对于人类，特别对于他的国人，是写了如何苦味的讽刺，因为他证明，自由竞争、生存斗争（“经济学者”所称颂为伟大的历史胜利的）是动物界的通常状态。——编辑部注

者，反过来，正是这些无产者的群众，起来结束此种无政府状态。同样的，社会生产无政府状态的压力，使大工业机器无限改善的可能成为每个工业资本家的无条件责任，使他在遭受破产的威胁之下，不断地改进自己的机器。但是改良机器，就是说，某一些人的劳动变成了不必要。如果机器的引用及其数量的增加，使数百万手工工人，为少数利用机器的工作者所代替；那末机器的改进，是把机器工人本身更厉害地从工厂中驱逐出来，形成更厉害的超出资本家对于劳动力的平均需要之上的劳动力的供给。这种大量的无工可做的工人，形成真正的产业后备军——像我在一八四五年（“英国工人阶级状况”）所称的——这种后备军，准备在产业旺盛的时候，为资本家效力，可是在其后的不可避免的危机之时，他们又被掷到街头路旁——这种后备军，在无产阶级为生存而向资本家斗争之时，总是工人脚上的重压，而且操着一种调剂物的作用，使工资处于极低的合于资本家要求的水平上。这上面所产生的结果是：机器——用马克思的话来说——变成了资本家对于工人阶级作战的最有力的武器，劳动工具，不停地剥夺工人手中的生活资料，而工人自身的产品，却反成了奴役自己的工具。其结果是：劳动手段上的节省，同时即是劳动力最厉害的浪费，即是对于常态的劳动条件之掠夺；机器——这个节省劳动时间的最有力的手段，转成了一种最可靠的方法，使工人及其家庭的一生，变为替资本增加价值的劳动时间。一部分人过度的劳动，变成了另一部分人失业的原因。在世界上寻求新消费者的大产业，却在国内把工人群众的消费限制到最低的饥饿点，因之破坏了自己的国内市场。“使相对的人口过剩或产业后备军经常地与资本积累的范围及力量保持平衡的那种法则——这种法则，把工人缠缚于资本之下，而且缠缚得比火神黑发斯达[①]把盗火者普罗梅特[②]钉于岩上[③]还要牢固些。这个法则，形成了与财富积累相适应的那种贫穷的积累。一个极端上的财富的积累，同时就是指另一极端——自己的劳动产物转成资本的那一阶级的方面——的贫窘、困苦、奴役、无知、凶暴、道德堕落等的积累（马克思《资本论》第一卷）。如果想从资本主义生产方式上期待另一种的产物分配方法，那末这就等于期待着当电池的电极相联之时，不许水来分解，又不许阳极放出氧气阴极放出氢气一样。

我们已经看到，近代机器的达于高度的改善能力，怎样因社会生产的无政府状态而转成了使个别工业资本家不能不改善自己的机器，不得不经常提高生产力的强制法则。扩张自己生产规模的单纯事实上的可能，对于资本家也转成了一种强制的法则。大工业巨大的扩张能力——气体的膨胀力，与之相较，简直成为儿戏——在我们之前，表现为数量上质量上扩张工业的要求，它丝毫不顾虑在其路上所遇到的任何障碍。发生这种障碍的，是大工业产品的销路和市场，市场向更广更深方面扩张之能力，受着另一种完全不同的力量较弱的法则之支配。市场的扩张，不能与生产的扩张并行前进。冲突成为不可避免的了。因为在资本主义生产方式本身被破坏之前，它始终不能得到解决，所以它（冲突）就带着周期的性质。资本主义生产造出新的“罪恶的循环”。

真的，自一八二五年发生第一次普遍危机以后，整个工商世界，一切文明国家及其多少尚未开化的附属地之生产与交换，都差不多每十年总

---

① 现通译为赫菲斯托斯。

② 现通译为普罗米修斯。

③ 普罗梅特是古希腊传说中的英雄，他从天上盗火给人。据神话说，他因此激怒了天神。在天神的命令之下，火神黑法斯达就把普罗梅特钉于岩上。——编辑部注

要经历一次混乱状态。商业流转停顿下来，市场挤满着找不到买主的大批货物，现金遁迹，信用消灭，工厂停顿，工人群众正因为生产了太多生活数据之故，所以反失掉了生活资料，破产及强制拍卖纷纷不绝。停滞状态持续好几年，大批生产力及产物被浪费及破坏，直至最后，山积的货物，按照低下的价格销卖出去；然后，生产与交换才逐渐再活动起来。再后，工业运动的步调渐次加速，转成快步，快步转成跑步，而这跑步又转而在工业上、商业上、信用上、投机上成为无缰的超越障碍物的真正的跳跃，终至在几次跳跃之后，重新进入危机的泥坑之中。如此不绝地反复着。从一八二五年以后，我们已经经过五次危机，现在（一八七七年）正在经历着第六次。这些危机的性质是这样的显明，使傅立叶一下子即把最初一次危机称为“多血症的危机”，即由过剩而起的危机。

在危机中，社会生产与资本家占有之间的矛盾轰然爆发起来。商品的流通暂时停顿起来；货币以流通的工具，转为流通的障碍；商品生产及商品流通的一切法则，都颠倒倾覆。经济的矛盾达于极点，生产方式起来反对交换方式。

在个别工厂内生产的社会组织，达到这样的发展程度，使它已不能与那种存在于它之旁，凌驾于它之上的生产无政府状态相并存——这个事实，就是资本家自身也明了了，因为在恐慌的时候，许多大的而且更多的小的资本家们，都流于破产，而使资本猛烈地集中起来。资本主义生产的全部机构，困顿于它自己所造成的生产力的压力之下。它不能把所有这些生产手段转成资本，许多生产手段，闲着没有应用，因之，产业后备军，也不得不闲着无事。生产手段、生活资料、待雇的工人，一切生产的及一般的财富元素，都过剩了，可是“过剩变成了贫苦与缺乏的来源”（傅立叶），因为正是它（过剩）阻碍着生产手段与生活资料转为资本，因为在资本主义社会里，生产手段如果不预先变成资本，不预先变成一种剥削人的劳动力的手段，那末，它们是不能运行起来的。生产手段与生活资料转为资本的必要性，正好像怪物一样，站立于工人与这种生产手段生活资料两者的中间；它（这个必要性）妨碍着物的动力与人的动力之结合；它妨碍生产手段施行职能，妨碍工人工作与生活。这样，一方面资本主义生产方式，表示出自己没有能力来管理这些生产力，另一方面，这些生产力，以更强大的力量，要求排除这种矛盾，要求去掉它们自身的资本的性质，要求在事实上承认它们是社会的生产力的这种性质。

强大地发展着的生产力，反抗它们的资本主义性，更迫切地要求承认它们的社会性——正是这些，使资本家阶级本身，也不得不在资本主义关系的一般的可能范围之内，更多地把生产力当作社会生产力来看待。产业繁荣茂盛、信用无限膨胀的时期以及逼着巨大资本企业流于破产的危机时期，都推动极大部分的生产手段，采取某种社会化的形式，像我们所遇到的，就是采取各种股份公司的形式。这些生产手段与交通工具中，有许多，例如铁路，本身已经具着这样大的规模，使它再不能有另一种资本家剥削的形式了。到了一定的发展阶段时，就是这个形式（股份公司的形式）也变成不够的了。某国的某一同一产业部门的一切巨大生产者，联合成为一个托拉斯。即一个以调节生产为目的之联合。他们决定他们所要生产的总数，将这总数分配于相互之间，并且预先约好规定的卖价。可是因为这些托拉斯，在营业一有不佳时便大部分破裂下来，所以就引起更大的生产的集中。整个产业部门，转成了一个紧密的庞大的股份公司了，这一公司内部的竞争，为内部的垄断所代替了。在一八九〇年，英国碱性盐类化学品的生产就发生如此情形，这一生产合并整个四十八个大公司，而成为单一的由一个中心领导的公司，资本有一万万二千万马克。

在托拉斯中，竞争转为垄断。[①]资本主义社会的无计划的生产，向将要来到的社会主义社会的有计划生产投降。固然，最初这只是有利于资本家的。但是，在它的这种形式之下，剥削已变得如此明显，使得它不得不被毁坏下来。没有一国人民，能够长久忍受由托拉斯来指挥的那种生产以及一小伙坐享红利的强盗对于全社会的公然剥削。无论如何，不管有托拉斯或没有托拉斯，资本主义社会的正式代表——国家，总不得不[②]出来管

① 马克思在《资本论》中已经指出了竞争转为垄断的倾向。在马克思死后，恩格斯已有可能看到这种倾向的发展。自此以后，垄断更特别发展起来，而转为近代资本主义——帝国主义的最显著的特点。

列宁写道："帝国主义是一般资本主义基本特性之发展与直接的继续。但是资本主义，只在它发达到一定的很高的程度时才成为资本帝国主义；此时，资本主义几个特性，已经变为它的对面；这时从资本主义转变到更高的社会经济组织的过渡时代底特点，已经在各方面形成与暴露出来。在此过程中，经济上最主要的，便是资本主义的自由竞争已被资本主的垄断所代替。自由竞争是资本主义和一般商品经济底特点，而垄断恰恰是自由竞争底对面；但是我们亲眼看见，自由竞争已变为垄断，它造成大生产，排挤小生产，用最大的生产来代替大生产，使生产的集中和资本的集中达到很高的程度，以至于产生了垄断的联合，如卡德尔、新迪卡、托拉斯，与数十个运用数十万万元资本的银行资本相结合。同时，自由竞争中生长起来的垄断，并没有消灭竞争，而是建筑于竞争之上，与之相并存，并由此而产生出许多特别紧张、特别严重的矛盾，许多敌对和冲突。垄断是从资本主义转变到更高制度上去的过渡（见《列宁选集》第八卷，九五—九六页）。——编辑部注

② 我说"不得不"，这是因为，只有在生产手段及交通工具真正发展到不适于股份公司的管理，而国有在经济上成为不可避免的场合——只有在这场合上，国有，甚至现代国家手中的国有，总是经济上的进步，才是准备一切生产力转入社会手中的转变过程上的一个进步。可是最近以来，自俾斯麦力倡"国营"以来，出现了特种的伪社会主义，在有些地方，甚至变成了自愿的阿谀奉承的勾当，它毫不迟疑地把任何生产手段转为国有，甚至俾斯麦式的（转下页）

理生产。这种转为国家公产的必要，首先表现在大规模的交通工具上：邮政、电报及铁路。

如果，危机表示出资产阶级不能往前管理现代的生产力，那末，大规模生产企业及交通工具之转入股份公司及国家手中，显示出资产阶级在这一目的上是毫无用处的。资本家的全部社会职能，现在已由领薪俸的办事员来执行了。资本家除了收取款项，剪取息单，在各个资本家相互夺取资本的交易所中举行赌博以外，再没有任何其他的社会职能了。以前，资本主义生产方法驱逐工人，现在它就驱逐资本家，把他们和工人一样，归入于过剩人口之中，所差的，是他们现在还没有进入产业后备军而已。

但是无论转入股份公司与托拉斯手中，或转为国有产业，都没有除去生产力的资本主义性质。关于股份公司，这是非常明显的。至于现代国家，那末它只是资产阶级社会所建立的组织，用来保护资本主义生产方式的共同的外部条件，使其不受工人及个别资本家的侵害。现代国家，无论采取何种形式，在实质上总是资本家的机器，资本家的国家，观念上的集体的资本家。它（现代国家）愈是把更多的生产力掌握于自己的手中，它就愈是成为实际的集体的资本家，愈是剥削更多的国民。工人还是雇佣劳

(接上页) 国有都宣布为社会主义的了。显然的，如果国家的烟草专卖也算是社会主义的话，那末拿破仑及梅特涅（奥地利帝国首相，欧洲反动的神圣同盟的主脑——译者注），也可以算作社会主义的创始者了。如果比利时国家，因寻常财政的及政治的理由，自己去建造主要的铁路，如果俾斯麦没有任何经济上的必要，把普鲁士的主要铁路收归国营，其唯一目的，是使铁路更适于战时的应用，是使铁路的办事员，变成投票拥护政府的走狗，而主要目的，是不求助于议会即能有新的进款的来源——所有这些，直接地、间接地、自觉地、不自觉地，都丝毫不是社会主义。不然，便应该把普鲁士国家银行、皇室制磁厂，甚至陆军制衣队，都可以算成社会主义的组织，甚至于把弗里德里希·威廉三世时代某一聪明人所认真提议的妓院的国有，也当作社会主义了。——恩格斯注

动者、无产者。资本主义关系非但没有被消灭，而且更尖锐到了极点，到了顶点。可是达到了尖锐化的顶点之时，就要发生变革。生产力之国有，没有解决矛盾——资本主义的矛盾，可是它却包含着这种解决的外表上的手段，这种解决的元素。

这种解决，只能是在事实上承认现在生产力的社会性，因之，也就是使生产占有及交换等方式，与生产手段的社会性相适合。要能达到这点，就只有使社会公开地直接地占有这种生产力——这些生产力，已经发展到除了社会管理方式之外再不适合于其他管理方式的地步了。同时，生产手段及生产品的社会性，现在只是以盲目的自然法则的破坏力起来反对生产者，周期地破坏生产与交换的过程，到了那时，将完全为生产者所自觉地运用于实际，而从搅乱及周期危机的原因，转成生产本身发展的最有力的因素了。

社会的力量，在未被我们认识及处理以前，正是和自然的力量一样，发生着盲目的强制的破坏作用。可是我们一经认识了它，理解了它的活动方式、它的方向及它的影响，那时就靠着我们来使它更多地服从我们的意志，利用它来达到我们的目的。这点特别适用于现在强大的生产力。在我们执拗地拒绝了解它的本性与特质之时——资本主义生产方式及其拥护者，正是拒绝着这种了解——在这时候，这种力量总是像我们在上面所说的，超越我们，反对我们，把我们置于它的统治之下。可是，它的本性，一被了解之后，它就可以在集体生产者的掌握之下，从恶魔似的统治者，转成顺从的奴仆。这上面的区别，正如雷雨时所发电光的破坏力与电报上弧光灯上所驯顺地运行着的电力二者中间的区别一样，也正如火灾时的火与供人应用的火二者中间的区别一样。当我们最后认识了这些生产力的本性，并按照这一本性来处置这些生产力的时候，社会生产的无政府状态，就要为社会的有计划的生产所代替，这种生产是以满足全社会及各个人的需要为根据的。那时资本主义的占有方式——在这方式之中，生产品起始奴役自己的生产者，再后奴役占有者——也将为一种以现代生产手段的本身性质为根据之新占有形式所代替，就是说，一方面有社会对于生产品的直接占有，用来作为维持生产及扩张生产的手段，另一方面有直接个人的占有，用来作为生活及消费的手段。

资本主义生产方式把更多的人民转成无产者，因之，也就造成了一种力量。这种力量，在自身会被毁灭的威胁之下，不得不起来完成这个革命；资本主义更厉害地推动大规模社会的生产转变，转变为国有产业，因之它也就自己指示了实现这一革命的道路。无产阶级将握取政权，而把生产手段首先转为国家的财产。可是因此，它也就除去自己的无产阶级的性质，消灭一切阶级的区别及阶级的对立，因之也使原来的国家趋于灭亡。以前以及现在建筑在阶级矛盾之上的社会需要国家，这国家是每一时代剥削阶级所造成的组织，用来维持他的生产的外部条件，因之首先就要强制地把被剥削阶级束缚于各该生产方式所决定的压迫条件之下（奴隶制、农奴制、雇佣劳动制）。国家是整个社会的官式代表，是社会成为明显集团的一种综合；但是国家之所以成为社会的代表，只是因为它是某一时代中，独自代表整个社会的那个阶级的国家，在古代，有奴隶主的国家，在中世纪有封建贵族的国家，在我们这个时代，便有资产阶级的国家。等到最后，国家真正成为整个社会的代表的时候，它本身便成为赘瘤了。一旦社会上没有一个必须被压迫的阶级，一旦阶级的统治以及现代生产无政府状态所造成的个人之生存斗争，以及从这种斗争中，产生出来的冲突与对立，都一起消灭了的时候——从那时起，便无需压迫，便无需一种特殊的压迫权力——国家——了。国家真正成为整个社会代表的第一次行动，即以社会名义取得生产手段所有权的行动，同时也便是国家之所以为国家的最后的一个独立行动。国家权力对于社会关系的干涉，各处各地都将逐渐成为不需要，而自行停止下来。此时管理物品和指导生产过程的机关，便代替治人的政府。国家不是“被废除”的（abgeschaft）而是自行衰亡（absterbt）下去的。我们应该从这个观点上去估量“自由人民的国家”的辞句，这一辞句，会有理由在鼓动中暂被应用，可是它从科学意义上来讲，毕竟是没有根据的；而无政府主义者[①]要求在二十四小时内废除国家的话，便也可以从这个观点上去判断其误谬了。

自从资本主义生产出现于历史舞台以来，单独个人或整个学派，曾常时有一种多少模糊的未来理想，要把一切生产手段转为全社会所有。可是，这种理想，只在他的实现的物质条件已经存在的时候，方才成为可能，方才成为一种历史的必然。全部生产手段之归于社会，和其他一切的社会进步一样，并不是因为有了一种理解，认为阶级的存在，不合于正义、平等，等等，也不是因为有了一种简单的要去废止阶级的意志，便能实现，而是因为有了一定的新的经济条件，它才能够实现。社会的剥削阶级与被剥削阶级，统治阶级及被统治阶级的划分，是以前生产不充分发展时所产生的必然结果。当社会劳动成果的总量用来供给社会全体所最必需的生活资料，还所剩无几的时候，即当劳动差不多占据着社会绝大多数人的全部或最大部分时间的时候，在这时候，社会必然地分成各个阶级。在完全尽力于劳动的绝大多数的人民之外，还形成了免除直接生产劳动的阶级，他顾虑着社会的共同事务：劳动指导、国家管理、法庭、科学、艺

---

① 无政府主义者（蒲鲁东、巴枯宁等）不懂国家的实质，否认革命政权的意义以及胜利的无产阶级手中的国家政权之革命作用。他们关于立刻消灭国家的要求，正是使革命解除武装。——编辑部注。

术，等等。因之，分工的法则是阶级划分的基础。可是，这并不是说，在阶级的划分中，没有应用暴力及掠夺、狡猾及欺骗等的方法，也并不妨碍统治阶级在掌握政权之后，牺牲工人阶级来巩固自己的统治，而把对于公共事业的管理转成对于群众的加紧的剥削。

可是，阶级的划分，即便具有某种历史的理由，也只是对于一定时代一定社会条件而言。此种划分，以生产力不足为根据，到了近代生产力充分发展之后，它就要被消灭。事实上，社会阶级的消灭，须要达到一定的历史发展的阶段，在这阶段上，不单是一定的某一阶级的统治，而且是一般的任何阶级的统治，因之也就是阶级划分的本身，都将成为时代错误的陈腐的废物。[①] 所以，阶级的消灭的前提，是这样的生产高度发展的阶段，在这阶段上，某一特殊社会阶级对于生产手段与产品的占有，政治统治权的占有，教育及精神上指导的独占，等等，不但成为无用，而且成为经济上、政治上及知识上发展的障碍。这样的阶段，现在已经达到了。资产阶级在政治上、知识上的破产，就是在它自己看来，也不是一件秘密了。它的经济上的破产，有规则地十年一次地反复着。在每个危机中，社会总是窒息于它自己所造成的它所不能利用的生产力与生产物的重压之下，而束

① 在苏联，无产阶级专政已在实现阶级的消灭。联共十七次代表大会提出社会主义建设的第二个五年计划（现已实现）的任务，就是完成这种阶级的消灭，并完全建立无产阶级的社会主义社会。为着实现这样的任务，只有经过最残酷的阶级斗争，并且不仅要求无产阶级专政国家的保持，而且要求其往前巩固与发展。正是经过这种巩固与高度的发展，无产阶级国家才能趋于自己的衰亡。斯大林在十七次大会上说道：“我们赞成国家的衰亡，同时我们主张加强无产阶级专政，这专政是从来所有政权中的最有力最强大的政权。高度发展国家政权，来准备国家政权衰亡的条件——这是马克思主义的公式。这是矛盾的。是的，是的，是矛盾的。可是，这种矛盾，是合乎实际生活的，是完全反映马克思的辩证法的。”

手无策地受荒谬的矛盾的宰制，这一矛盾，就是生产者之所以不能得到消费物，正是因为生产物找不到消费者。生产手段，在其强大的发展中，毁裂着资本主义生产方式所加的桎梏，脱出这种桎梏乃是生产力不绝地更加速地发展底唯一先决条件，因之，在实际上讲来，也就是生产本身无限增长的唯一先决条件。不止如此，生产手段归于社会所有，不但除去现在对于生产正确进程的人为的障碍，而且还消除生产力与生产物的浪费与破坏，这种浪费与破坏，正是现在生产不可避免的伴随现象，而且在危机中更达到了它的最高程度。此外，生产手段归于社会所有，还消灭现在统治阶级及其政治代表的穷奢极欲的浪费，而为社会节省出大量的生产手段及生产品。社会化的生产，不但可以给社会一切成员保证丰裕的不绝改进的物质生活，而且还可以保证他们体力上、智力上的才能的自由发展与运用——这样的可能，现在才开始有了，可是它确实已经有了。①

---

① 少数几个数字，尽可给出一种大约的观念，指示出，就是在资本主义的压制之下，现在生产手段也具有何等巨大的扩张的能力。根据吉芬氏的最新统计，不列颠及爱尔兰的国富总额约计如下：

一八一四年	2200	百万金镑
一八〇五年	6100	百万金镑
一八七五年	85	百万金镑

至于危机时候生产手段及产品的浪费，那么根据德国工业家第二次大会（一八七八年二月二十一日）在柏林的计算，在最近一次危机中，单就德国铁工业一项说，损失已达四万五千五百万马克。——恩格斯注

为补充恩格斯所引的统计数字起见，我们指出下列的英国国富发展数字。这些数字是根据同样的吉芬氏的方法计算出来的：

一八八五年	10000	百万金镑
一八九五年	10600	百万金镑
一九〇五年	13000	百万金镑
一九一三年	14300	百万金镑

对于现代危机结果所消灭的生产力的数量，那末，一九二九—三二年危机中的数字，可以表示出来国民收入（下列以万万美元为单位）：

一九二九　一九三一　一九二九　一九三一

生产手段既转入社会的掌握中，商品生产以及生产物对于生产者的统治，也便同时归于消灭。社会生产的无政府状态，就为根据自觉计划而进行的生产组织所代替。个人的生存斗争因而停止了。只在那时，人方在某种意义上脱离了动物界；只在那时，人方从动物的生存条件转到真正的人的生存条件。一切环绕着人，并且从来统治着人的生存条件，现在就处在人的支配及统制之下了。随着人类成为自己社会关系的主人翁，他们也就开始成为自然界的真正的及自觉的主人翁。他们自己社会行动的法则直到现在都是与他们相对立，而成为一种外来的统治于他们之上的自然法则，现在则为人们所完全自觉地运用起来，因之也就处在他们的统治之下了。社会的存在，直到现在，在人类看来，都好像是自然界及历史从上面所赐予的东西，现在也变成了他们的自由行动。从来统治于历史中的客观的神秘的力量，现在屈服于人的统治之下了。只从这时起，人们方才自觉地自己创造自己的历史；只在那个时候，他们所推动的历史因素，才将以极大的日益增加的程度，给出他们所希望的结果。这将是人类由必然的王国进于自由的王国之飞跃。

在总结时，我们将以上所叙述的发展过程概括如下：

（一）中世纪社会

细小的个人生产，生产手段适于个人使用，因此，自然是简陋的，细小的，效能有限的。生产的目的是供给生产者自己或其封建领主的直接消

美国	4000	2400	900	540
英国	1150	690	190	114
德国	800	480	155	93
法国	680	510	90	67
意大利	300	180	50	30

一九三二年还有好些生产力继续遭受毁灭。——编辑部补注

费。只在生产有超过直接消费的剩余之时，剩余的生产品才拿去出卖，才拿去交换。商品生产尚在初期的状态中，但其内部已经包含社会生产的无政府状态之萌芽。

（二）资本主义革命

工业的革命，最初经过单纯协作和手工工厂来实现，以前散碎的生产手段集中到大作坊来，这样使生产手段由个人的变为社会的——这种改变尚未牵动占有形式，旧的占有形式还保持着自己的作用。资本家出现了，他们以生产手段的主人的资格占有生产品，并使之成为商品。生产已经成为社会的行为，交换以及生产品的占有仍旧是个人的行为：社会劳动的生产品被个人资本家所占有。这是根本的矛盾。从这矛盾上，产生了近代社会的一切矛盾，这些矛盾在大工业上特别明显地表现出来：

A. 生产者和生产手段分离，工人被判定终身做雇佣劳动。无产阶级和资产阶级中间的矛盾。

B. 支配商品生产的法则，发生更大的力量与更有力的作用。异常剧烈的竞争。个别工厂生产的社会组织性和全体生产的社会无政府状态中间的矛盾。

C. 一方面，因竞争之故，机器的改善，成为每一个工厂主所必须遵守的规律，这同时就是日益厉害地使工人从工厂中被驱逐出来——产生了产业后备军；另一方面，生产的无限制的扩张，也成为每一工厂主所必须遵守的法则。这两方面，造成生产力的空前发展，供过于求，生产力过剩，市场滞塞，十年一次危机，"罪恶的循环"：一方面生产手段和生产品过剩，另一方面没有工作无以为生的工人过剩。但是生产和社会幸福的这两种动力不能联结起来，因为资本主义的生产形式，除非把生产力和生产品首先转变为资本，它是不许生产力工作，不许生产品流通的，可是这种转变又为生产过剩所阻碍。这种矛盾，一直发展到荒谬的程度。生产方式起来反对交换形式。资产阶级就这样表示出不能继续统御自己所有的社会生产力。

D. 资本家自己也迫不得已部分地承认生产力的社会性，生产和交通的大的机体，首先转为股份公司所有，随后又转为托拉斯所有，更后又归国家所有。资产阶级成为无用的阶级，它的一切社会作用都被雇用的办事员所执行了。

（三）无产阶级革命

矛盾的解决：无产阶级夺取政权，并因政权之助而将从资产阶级手内所夺得的社会生产手段转为公共财产。由于这个行为，无产阶级就使生产手段解脱了以前作为资本的那种性质，使其社会性能有完全的发展的自由。这样，依照预定计划来进行的社会生产就成为可能。生产的发展使社会阶级的继续存在成为不合时代的废物。国家的政治权力也随着社会生产的无政府状态的消灭而归于衰亡，人类终于成为自己社会存在的主人翁，因之，也就成为自然界的主人，成为自己的主人——成为自由人。

这个解放世界事业的完成，就是现代无产阶级的历史使命。阐明这一事业的实质及其历史条件，因此，也就是使负担着使命要来完成这一事业的现在的被压迫阶级，理解自己事业的意义——这就是作为无产阶级运动的理论表现之科学社会主义的任务。

社会主義
从空想到科学的發展

馬恩叢書 3

恩格斯 著
吳黎平 譯

1938

馬克思恩格斯叢書・第三種

社會主義從空想到科學的發展

恩 格 斯 著

★

1938

馬恩叢書・第三種

社會主義從空想到科學的發展

著者　恩格斯

譯者　吳黎平

一九三八年六月出版

※實價二角※

目　　錄

關於中文譯本的幾句話

與『共產黨宣言』齊名的恩格斯這一名著的價值，是無庸我們來多加說明的。我們現在祗就這一中文譯本作幾點小的說明：

第一，這一名著的譯本，我們曾見到兩種，但譯文多有未善之處，且對於恩格斯在德文本第四版所增改的地方未曾譯出，故不能不重行校譯，以臻比較完善的地步。

第二，這一譯本，是根據莫斯科『馬克思、恩格斯、列寧學院』的『馬克思、恩格斯選集』的俄文標準本譯成的，並曾參考這一選集的英文本。兩者文字上稍有出入之處，則大部分按照俄文本翻譯。

第三，恩格斯在本書德文第四版所作的增改，本譯本俱已加入或改正。

第四，註解分三種，一種是恩格斯自己註的；一種是馬、恩、列學院編輯部註的；一種是譯者註的。俱各在下說明。

張聚平　一九三八年五月二十日

社會主義
從空想到科學的發展

恩格斯序(一)

——德文本一八八二年第一版序——

這本小書，是由一八七八年在萊柏錫格出版的我的著作『杜林先生的科學變革』(即『反杜林論』)書中摘錄三章編成的。經我的朋友拉發格之請求，我摘錄這三篇給他譯成法文，並在其中加上若干解釋。經我校閱過的法文譯本，最初發表於『社會主義雜誌』，隨後印成單行本出版，名爲『空想社會主義和科學社會主義』一八八〇年巴黎出版)。我這本小册子的波蘭文譯本，是根據於法文本的，在一八八二年出版於日內瓦黎明書局，名爲『社會主義從空想到科學』。

拉發格的譯本，在通行法語的一些國家，尤其在法國，竟得到意外的成功——這件事使我設想：若將這三章書以德文原文印成單行本出版，不是也有用的嗎！恰好在這個時候，祖里赫(Zurich)『社會民主黨報』編輯部告訴我，目前德

國正急迫需要新的宣傳小册子，並問我是否贊成將上述的三章書，彙印出版。我自然贊成『社會民主黨報』編輯部的提議，並將我的稿子交給他們去出版。

可是這本小册子本來不是爲着直接宣傳而寫成的。實際上純粹是科學的這種著作，能夠適用於直接宣傳嗎？在形式和內容上，必須怎樣去修改呢？

說到形式方面，能夠引起誤解的，祇是外國名詞之衆多，但拉薩爾（ Lassalle ）在其演說和宣傳小册子中，已經不限制外國名詞之使用，而且據我所知，人們並不特別的厭惡外國名詞。況且從那時以後，德國工人已經更熱心的並更經常的去讀報，因此也就更多認識了外國名詞。我祇限於刪除那些非絕對必要的外國名詞。但對於那些剩下的必要的外國名詞，則我不願附上解釋的譯名。這些必需的外國名詞大部分是科學技術上公用的術語，這些術語如果可以譯成德文，那就成爲不必要的了。譯名祇能曲解這些術語的意義，不僅不能使人明白，而且反能使人糊塗。在此情形之下，口頭上的解釋，效力將更大些。

說到內容方面，則我敢肯定說：這對於德國工人並不是很難懂的。一般說來，祇有第三部分是難懂的，但對於這一部分，工人比『受教育的』資產者，易懂得多，因爲這一部分恰正說到工人的生活條件。我之所以加上許多解釋和補充，與其說是爲着工人，毋寧說是爲着『受教育的』讀者，倒如議員愛寧（Ernst Einern），樞密顧問徐伯爾（Heinyich

Von Sybel），特萊赤格（Heinyich Von Treitsche）等人，他們爲一種不可抑制的願望所驅迫，一定要屢次表明他們是一竅不通，因此他們對於社會主義亦表示可驚的無知。如果堂·吉訶德與磨房風車决鬥，那麽，這是完全合乎他的名號與任命的，但對於珊丘邦沙（Sancho Panza）我們却不許他這樣做。※

這一類讀者，看到我在這一本敍述社會主義發展的小書中，提到康德和拉怕拉斯的宇宙起源說，提到當代自然科學，達爾文學說，德國古典哲學，以及黑格爾等——多半也要驚奇的。但科學社會主義，本質上還是德國的產物，而且也祇能產生於德國，※※ 即產生於古典哲學還生動地保存着自覺的辯證法的傳統之國家。唯物史觀及其對於當代資產階

※ 『堂·吉訶德』，是十六世紀西班牙小說家西萬提斯所著一部著名小說『堂·吉訶德』的主角。堂·吉訶德代表沉迷於幻想的蠢人，時時刻刻鬧出許多笑話，後來忽然發生一種遐想，和風車進行决鬥。作者借堂·吉訶德來譏笑中世紀的騎士風。珊丘邦沙，是堂·吉訶德的僕人。

※※ 這裏所說的『於德國』，乃是筆誤，應該說『德國人中間』，因爲科學社會主義之產生，一方面，然必須有德國辯證法，但他方面，也必須有英法二國經濟上和政治上的發展的條件。德國在經濟上和政治上的落後條件——十九世紀四十年代初期比現在還更落後得多——至多祇能產生畸形的社會主義（見『共產黨宣言』第三章『德國的或眞正的社會主義』）。祇有當

級和無產階級鬪爭的特別實用，必須借助於辯證法，才能成立。如果德國的資產階級的學校教師，將關於德國大哲學家及其所創立的辯證法之一切概念，都淹沒於那令人厭惡的折衷主義泥潭裏（他們做到如此程度，使我們不得不引據當代自然科學來證明辯證法正是存在於眞實世界之中），那我們，德國社會主義者，却引以爲榮的說：我們不僅繼承聖西門、傅立葉和歐文，而且繼承康德、菲希特和黑格爾。

一八八二年九月二十一日於倫敦

時英法兩國所造成的經濟的和政治的情況經德國辯證法的批判以後，才能達到眞正的結果。從這觀點看來，科學社會主義並非專門屬於德國的產物，而在不少的程度內，又是國際的產物。

——恩格斯註

恩格斯序（二）

——德文本第四版序——

我會經預言說，德國工人將完全能懂得這本小册子的內容，這個預言已經完全實現了。自從一八八三年三月本書第一版出版以來，已經銷行過三版，共有一萬本以上，而這還在施行鎮壓社會黨人的法律的時候。這更加證明，警察對於當代工人運動之壓迫，並沒有多大的效力。

自從第二版出版以來，這本小册子又被譯成好幾國文字：意大利文（馬丁內底譯的）、俄文、丹麥文、西班牙文及荷蘭文。

這一次重版，經過某些微小的修正。有兩個地方還參入比較重要的補充：在第一篇論聖西門中，補充一段，因為原版中關於聖西門比關於傅立葉和歐文要說的少些；在第三篇之末，也補充一段，來說明近時有重大意義的一種新的生產的形式——託辣斯。

一八九一年五月十二日於倫敦

恩格斯序（三）※

——英文本序——

這一本小書，本來是從一本更大的書中摘錄出來的。大約在一八七五年前後，柏林大學的副教授，杜林博士，突如其來的甚至大吹大擂的宣佈他皈依社會主義，並且帶來一種詳細的社會主義理論以及詳細製定的實際改造社會的計劃，以貢獻於德國人民面前。自然，他盡全力，向着他的前輩尤其是馬克思攻擊，他以憤怒的狂潮，向着馬克思衝射。

這件事的發生，正是處在德國社會黨中兩派——愛森納哈派和拉沙爾派——合併的時候，那時這兩派合併不僅增加力量，而且更重要的，還使我們能夠運用共同力量去反對共同的敵人。社會黨在德國那時正在迅速的成爲一種力量。但

※ 這篇序言是恩格斯當一八九二年這一本書的英文譯本在倫敦和紐約同時出版時所寫的。

要成爲一種力量，必須首先使這個新造成的黨的統一，不被危害；可是，杜林博士却已公開的開始在他個人周圍集合了一個小派，以備作爲未來分裂成另一黨的核心。因此，我們必須拾起別人丟給我們的手套，※不管願意不願意，將鬥爭進行到底。

事情雖然不是非常困難，但終歸是一件麻煩的事情。我們德國人，人人都知道，是具有非常繁重的深刻性的——說急進的深刻性，或說深刻的急進性，隨你那樣說都可以。當我們中每一人着手敍述他所認爲是一種新理論的東西時，他以爲一開始就必須將這個理論造成爲包羅萬象的一個體系。他一定要證明出邏輯的初步原則和宇宙的根本規律之所以永久存在，祇是爲要引到這個新發現的完成一切的理論上去；在這上面，杜林博士是達到了自己民族性之高點的。他的理性的、道德的、自然科學的和歷史的完全的『哲學體系』，他的完全的『經濟學和社會主義的體系』，最後還有他的『政治經濟學的批判史』，這三部八開本的大書，在其形式及其內容上是一樣的笨重，這三路理論的大軍，調動來攻擊以前一切的哲學家和經濟學家，特別是攻擊馬克思——這眞是企圖完成一個新的『科學的革命』——我所要對付的，就是這樣一件事情，我不得不說到一切，說到最複雜的許多題

※ 歐洲古代習俗，丟下手套，是挑戰的表示，拾起手套，是接受挑戰的表示。

目：從時間和空間的概念，說到雙本位的貨幣制度；從物質與運動的永久性，說到我們的道德觀念的變易性；從達爾文的物競天擇論，說到未來社會青年的教育。然而，我的敵人的學說體系上的繁複，却也使我能在對於他的論爭中，發揮馬克思和我關於這許多繁複問題的見解而且能夠採取以前所未有的更加聯貫的形式。這就是爲什麼我担負起這一任務的原因；不然的話，這一任務便是無意義的了。

我的答覆，最初以連續文章的形式，登載於社會黨的中央機關報，萊普齊的『前進報』上，隨後彙集成一本書，標題爲『杜林先生的科學變革』。此書第二版在一八八六年出版於祖里赫。

經我的朋友拉發格（現在是法國里爾省選到國會去的議員）之請求，我修改這本書中三篇而成這本小書，他將這一小書譯成法文，於一八八〇年出版，標題爲『空想社會主義與科學社會主義』。隨後由法文譯成波蘭文和西班牙文。一八八三年，我們德國朋友又以德國原文出版這本小册子，自此以後，從德文原文翻譯出版的，有意大利、俄羅斯、丹麥、荷蘭和羅馬尼亞各種文字的譯本，連這個英文譯本在內，這本小書已經譯成十種文字了。我未曾看見其他的社會主義著作，連一八四八年出版的我們的『共產黨宣言』和馬克思的『資本論』在內，能像這一本小書經過那樣多種文字的翻譯。在德國這一本小書已重印四次，共銷二萬本。

這本小書附錄『馬克』※的用意，在把關於德國土地制

的歷史及發展經過的一些基本知識，傳佈於德國社會黨之內。現在該黨聯合德國城市工人的工作，已快到成功時期，接下去的一步，就應當去爭取農業勞動者及農民。在這樣一個時候，這篇附錄之作，似乎更不可少。現在在英文譯本中，也一同翻譯出來，那是因爲原始土地制度的形式及其衰亡之歷史，在一切條頓人種中都是一樣的，而關於這種歷史，英國人所知道比德國人尤其少。最近科瓦萊夫斯基曾有一種新的假定，說在『馬克』分配其耕地及草地於村社內各分子的制度發生以前，還有一個過渡時期，在此時期內，耕地及草地由幾個族長制的大家族的村社分配，每個大家族常常數代同堂（南斯拉夫的沙德路卡尙有存者），共同耕種共同負責；後來，因爲各村社人口漸增，共同負責的管理漸漸不方便起來，於是再發生分裂，而分配於小家庭。科瓦萊夫斯基的話也許是很對的，不過還得詳細攷慮，所以我在這本書裏仍舊保持原文，並不就根據他的話加以修改。

這本小書，所用的經濟學上的新名詞，其意義是完全與『資本論』英文本所用的一樣的。我們拿『商品生產』來表示一種經濟發展的階段，在這種階段上，物品的生產，不僅是爲着滿足生產者的需要而且是爲着交換的目的，即物品的生產，是要成爲商品，而不是要成爲使用價值。這一階段，起於爲交換而進行生產的那個時候，一直到現在；這一階段，

＊ 這一附錄，因俄文本中未列入，故沒有譯出。

本主義生產之下，才達到自己發展的頂點，換一句話說，它之達到自己頂點，是在下列條件之下，卽：佔有生產手段的資本家，拿工資去傭用那些除自己勞動力以外別無任何生產手段的人，並將生產品賣價減去生產成本以外所得的一切贏餘，都納入自己腰包裏頭。我們將中古以來的工業生產的歷史分作三個時期：（一）以手工業爲主的時期——小的手工業師匠雇用爲數不多的傭工和學徒，每個工人製造整個物品；（二）手工工場時期——多量工人麕聚在一個較大的企業內工作，依據於分工之上去製造整個物品，因此，每個工人祇擔負一部分手續，物品須經歷一切工人的手續之後才能製成；（三）現代工業時期——機械力發動機器去製造生產品，工人的勞動，祇限於監督機械力量的動作並加以調用。

我完全知道，※這一本小書將不爲英國讀者社會的頗大一部分人所歡迎。但我們大陸上的人，如果稍爲顧忌英國的『尊嚴』（卽英國的『庸人氣概』）的成見，那麽事情將會比現在更壞。這一本小書辯護我們所稱爲『歷史的唯物論』（唯物史觀）的觀點，而唯物論這個名詞，是刺激極大多數英國讀者的耳朵的。『不可知論』※※尙可望饒恕，至於

※ 這篇序自此以下直到結尾，恩格斯曾以『論歷史唯物論』的題目，單獨用德文發表於一八九二年的『新時代』雜誌上。

※※ 『不可知論』者說：他們不知道是否眞有我們感覺所反映的客觀世界，就是說，拒絕公開承認唯物論。對於資產階級學者，不可知論是半承認唯物論的一種形式。

『唯物論』則是絕對不能容許的。

然而，自十七世紀以來，近代唯物論的最初產生地，乃是英國。

『唯物論』乃是英國的產兒，英國的煩瑣學派司考脫（Duns Scott）已經自問：物質能否思想。

為要實現這個聖跡，他就求助於上帝的萬能，因此，强迫神學來宣傳唯物論。此外，他還是一個唯名論者。※唯名論是英國唯物論者的主要因素而且一般的是唯物論的最初表現。

英國唯物論之眞正生父，乃是培根。他認為自然科學是眞正的科學；而實驗的物理學，則是自然科學的最重要的部門。安那薩哥拉（Anaxagorag）及其種子論（homoiomerien）和德模克里特（Democrite）及其原子論（atom）是他所引證的權威。在他學說中，感官是完全可靠的；感官是一切知識的源泉。科學就是實驗的科學，科學就在以理性的方法去整理感官所供給的材料。歸納，分析，比較，觀察和實驗，就是理性的方法之主要條件。在物質固有的本質中，其最初的和主要的本質，就是運動——不僅是機械的和數學的運動，

※ 唯名論指中世紀哲學的一個趨向，認為一般的概念，祇是事物的名字，思想概念本身，沒有獨立的存在。與這相反的其他一個哲學趨向，則提出另一種意見，認為概念自身是眞實的，所以這第二個趨向，是反映了唯心論的觀點。

而且特別是衝動，生活力，興奮和——借用波姆（Jacob-Bohme）的術語——痛苦。痛苦的最初形式，是那生動的它所固有的引起特殊個人區別的生存力。

在培根——唯物論的第一個創始者——的學說中，唯物論以幼稚的形式，包孕着全面發展的萌芽。物質處於感覺的和詩意的光輝之中而對人微笑。但培根的格言式的學說，却仍充滿了神學的不澈底性。

唯物論往後發展下去，就變成爲片面的。霍伯士(Thomas Hoebbes）將培根的唯物論整理成爲系統。在霍伯士學說中，感覺失去了它的光輝，而變成爲幾何學家的抽象的感覺。物理的運動變成了機械的或數學的運動：幾何學成爲主要的科學。唯物論變成了一種厭世論，爲着在自己範圍內克服厭世的和無肉體的精神，唯物論就應該消除自己的血肉而變成禁慾修道士。這樣，唯物論就表現爲一種理性的東西，可是因此它却以毫不容情的澈底性，發揮了一切理性的結論。

霍伯士從培根的觀點出發，這樣推論說：如果我們的感覺是人類一切知識的源泉，那麼我們的觀念、思想、概念，不過是物質世界多少脫去其感覺形式的陰影而已。科學祇能替這些陰影定立名字。我們能夠應用同一名字於許多的陰影。名字也可以有名字。但這將是一種矛盾，如果：一方面肯定說，一切觀念導源於感覺世界；他方面又以爲一個字不止有一個字的意義，以爲除了我們觀念所反映的個別的物體之外，還存在有總的物體。說有一個非實質的質體，就像說

有一個無形體的形體一樣，同是不通的話。形體、存在、質體（substance），祇是應用於同一的實在（yealite）的不同名稱。我們不能將思想從那能思想的物質分別出來。物質就是一切變化的本體。『無限』這個字，如果不是指我們精神的能力能夠計算事物至於無限的意思的話，那麼這字是沒有意義的。祇有物質能被感覺與被認識，那我們自然就不知道上帝的存在。只有我自己的存在是確定的。一切人的情慾乃是機械的運動，這種運動有其始點，也有其終點。衝動的對象是善。人與自然界服從同樣的規律。權力和自由是二而一的。

霍伯士整理了培根的學說，但他並未更確切的證實培根的根本原則——卽認爲知識和觀念的起源是在於感覺世界的這個原則。洛克（Locke）在他的『人類理性起源的經驗中』，才證明這一原則。

如果霍伯士消滅了培根的唯物論之自然神論的成見，那麼高林士（Collins）獨特華爾（Dodwall）高華德（Cowards）哈德烈（David Hartley）怕利斯德利（Preestley）等就剷除洛克的感覺論之最後的神學藩籬。無論如何，對於實際的唯物論者，自然神論※不過是擺脫宗教的一種便利方式而

※ 自然神論是一種哲學趨向，它敵視正式宗教及其教派，可是不完全脫離神的思想，而以神作爲一切東西的最初原因，作爲給與最初衝擊的一個力量。自然神論者，在英國憲法中國王的作用上，承認着神，他們以爲國王的作用，是被法律所限制，不

已。(見馬克思和恩格斯同著的『神聖家族』,一八四五年佛蘭克福特出版,第二〇一頁至二〇四頁)

馬克思關於近代唯物論之英國的來源,是這樣寫的。如果現在英國人對於這樣的承認他們祖先的功績的意見,覺得不喜歡,那我們只有為他們惋惜。培根、霍伯士和洛克是光榮的法國唯物論者之生母,這是無可否認的;雖然法國十八世紀在陸上和海上,都被敗於英國人和德國人之手,可是法國的唯物論者,却能使十八世紀成為主要是法國的一個世紀,就是在結束十八世紀的法蘭西大革命很久以前,也還是如此;而我們在德國和英國正要將法蘭西大革命的結果移植於本國。

這是無可否認的。受過教育的外國人,當十九世紀中葉,到英國居住時,時常奇怪(不如是就無法對自己解釋)『尊嚴的』英國中等階級之愚蠢和宗教上的迷信。在那時候,我們都是唯物論者或至少都是很急進的自由思想者,我們想不到英國幾乎所有受教育的人,都信仰各種不可思議的聖跡,甚至地質學家如白克蘭(Buckland)和孟爾(Mantell)也都曲解自己科學的學理,使之不與創世紀的神話相衝突;

經國會,國王是不能廢除法律的。同樣的,自然神論者的神,根據他們自己意見是樹立自然界的基礎的,可是這個神也受自然法則的限制,而不能自己任意胡為,任意作出與這些法則相衝突的奇事,這樣自然神論,使人能在直接隱蔽的形式之下承認唯物論的結論。——編輯部註

至於要找那些敢於使用自己理智於宗教問題上的人，那就不得不到那些未受教育的人們當中去，到一般人所稱爲『齷齪人』（卽工人）當中去，特別是到歐文派社會主義者當中去——這在我們看來，是可怪的。

但自那時以來，英國就『開化』了。一八五一年的展覽會，就是英國島國閉關性的喪鐘！英國在食物、衣着、習慣和觀念上，都逐漸國際化了，英國在這方面達到了這樣的成績，使我很強烈的希望英國的某幾種習慣，也會傳到大陸去被普遍的採用，好像大陸的其他習慣傳到英國來的一樣。有一點是無疑的，就是：菜油的傳入英國（在一八五一年前祇有貴族知道），隨帶着使大陸對於宗教的懷疑論，也跟着傳播到英國。不可知論至今雖尙未像英國國家教會那樣受人器重，但在尊嚴的程度上，却已提高到與浸禮敎（Baptism）※同等的地位，並且無論如何至少是超出於『救世軍』之上。我不能不想像這種情形，就是：對於那些非常感傷並痛心於無神思想之進步的人，如果他們知道這些『時髦思想』不像許多日用品那樣，是從外國販來和在德國製造的，而却是淵源於以前的英國，而且在二百年前創造這種思想的英國人，確是比較他們現在的子孫要走的遠得多——如果他們知道這

※ 浸禮敎，是英美兩國中人數衆多的一個敎派，其特異的信條，是要信者到成年時才舉行洗禮，而洗禮是要全身浸在水中的。——譯者註

些，那對於他們，將是一種安慰吧。

事實上，不可知論，如果不是忸忸怩怩的唯物論，究竟是什麼呢？不可知論的宇宙觀，完全是唯物的。整個自然界受一定的規律的支配，並不允許外來動作的干涉；但不可知論者又小心謹慎的說：我們沒有方法可以肯定或否定在已知的世界之外是否還有某個至高主宰之存在。如果在拿破崙問拉怕拉斯，爲什麼在這一偉大天文學家的『天體機械』一書中，連『造物者』的名字都未曾提起？而拉怕拉斯却驕傲地回答說：『我不需要這個假設』——如果在這時代，不可知論者的上述保留條件，還有價值的話，那麼現在我們對於宇宙及其發展的概念，就絕對沒有餘地來容忍造物者或萬能者了；說在整個存在的宇宙之外有一個至高的主宰，這話在本身上，是一種矛盾，而且據我看來，也是對於信教者的感情的一種沒來由的侮辱。

我們的不可知論者也同意，我們全部知識是建築在經過感官所供給的材料上面的；但他們忙着聲明說：『怎樣知道我們的感官正確反映它們所感覺的物質呢？』他們又繼續告訴我們說：他們所說的事物及其本質，實在並非這些事物和這些本質——這些他們都是一點都不能確實知道的——他們所說的，祇是這些事物在我們的感官所發生的印象。這樣的推理方式，當然不容易祇用論證去駁倒它。但在人們論證以前，人們先有行動。『行動在先』，※在人類的才智發現這個難題好久以前，人類的行動，已經解决了這個難題，『布

丁的味道，食時就知道。』當我們根據我們所感覺的事物的屬性而使用這些事物之時，我們正是確切地考驗，我們的感官所感覺的，究竟是否眞實。如果這些感覺是錯誤的，那麼我們認爲該物可用的這種判斷，就必然是錯誤的，因此，我們使用該物的嘗試，也要遭受失敗。如果我們達到了我們的目的，如果我們證明事物適合於我們對於這些事物的觀念，如果這些事物，正是適合於我們所要用的用途，那麼積極的證據，證明我們對於事物及其屬性的感覺，在這一限度之內，是恰好適合於那存在於我們之外的現實的。如果相反的，我們確切知道我們遭受了失敗，那麼大部分不需要好多時間就可以發現我們錯誤的原因。我們可以發現，作爲我們經驗基礎的那種感覺，或者本身是不完全的或浮面的，或者是因爲用了與該事物不相稱的方法，使之與其他感覺的結果，混淆起來——這樣我們就稱之爲不健全的推論。如果我們正確的發展我們的感官，正確使用我們的感官，並把我們行動限制於我們正確取得和正確使用的感覺所規定的範圍之內，那我們就時常發現我們的行動的結果，正是證明我們的感覺能夠適合於我們所感覺的事物的物質本性。直至現在，還不曾有一個事實，要使我們做出結論說：我們經過科學監督的感官之感覺，會在我們腦中造成這樣一種對於外界的觀念，使之在本性上與現實相違背，或者是使外界和我們

＊『行動在先』——歌德的『浮士德』中的話。

感官的感覺中間，發生天生的衝突。

現在，新康德派的不可知論者出來說道：『是的，可能的，我們也許能夠正確地感覺事物的屬性，但無論用何種感覺或思想的過程，我們都不能夠認識「自在之物」；「自在之物」是在我們的認識界限以外的。』對於這點，黑格爾很久以前就已經給了答覆：『如果你們知道了事物的一切屬性，那你們也就知道了「自在之物」；那時留下來的一件顯然的事實，即是上述事物存在於我們之外，當你們的感官也確能知道這件事實時，你們就完完全全認識了這一事物，即認識了康德的有名的不可知的「自在之物」了。』現在我們對於這點，祇能補充說道：在康德時代，我們對於物質體的認識，還是如此的不完備，使得那些對於每一事物還可以假設有特殊的神祕的『自在之物』的存在。但是從那一時代以來，這些不能被認識到的事物，已經一件一件的被科學的長足進步所認識到與分析到了，而且還被重新製造了：對於我們自己能夠製造的東西，我們就不能看做是不可知的。在十九世紀前半期的科學家看來，有機體正是這樣一種神祕的事物；可是現在我們不賴任何有機的過程之助，就曉得綜合其化學原素而一個個的製造出來。近代化學宣言說：祇要知道任何物體的化學構成，就可以依照其原素製造這個物體。雖然我們現在還遠不能確切知道最高有機體即蛋白質之構成，但沒有理由可以使我們懷疑說，我們縱然經過幾世紀的研究也不能夠知道這種構成，也不能夠在知道後製造出人造的蛋

白質。當我們達到這一地步時，我們將可以重新製造有機生命，因爲生命，自最低的形式直至最高的形式，不過是蛋白質的正常生存狀態而已。

可是我們的不可知論者，在說出這種純粹形式的保留條件之後，就像十足的唯物論者一樣地說話與行動——實際上他們正是這樣的唯物論者。或許他說：『就我們所知道的來說，物質和運動或——如現在所說的——能力，是不能夠被創造也不能夠被毀滅的，但我們沒有任何證據，來證明這些東西不是在某個我們所不知的時候被創造起來的。』可是，如果你在某種情形之下，利用這種承認去反駁，那他就會立刻要你閉口。他抽象地可能承認唯靈論，但在實際上他甚至連知道這件可能都不願意，他將對你說．『就我們所知道或所能知道的來說，宇宙間是沒有造物者和萬能者存在的；據我們所知道，物質和能力是不能創造也不能毀滅的；對於我們，思想乃是能力的一種形式，乃是頭腦的一種作用；就我所知，物質世界是受一些不變的規律的支配的……』總而言之，在他是一個科學家的限度以內，在他所知道一些事情的限度以內，他就是唯物論者；但在他的科學以外，在他所不知道的領域，他就將他的『不知』譯成希臘文，而稱爲『不可知論』了。

無論如何，有一件事情是明顯的：卽使我也是一個不可知論者，我也不能將這一本小書所敍述的歷史觀稱爲『歷史的不可知論』。因爲不然，宗教信徒將嘲笑我，而不可知論

者將憤怒起來，並要質問我是否在嘲笑他們。因此，我希望『尊嚴的』（在德文就稱為『庸人』）英國人不要太過於憤怒，如果我在英文中亦如在其他許多文字中一樣拿『歷史的唯物論』（唯物史觀）一個名詞來表示一種歷史觀——這種歷史觀對於世界歷史進程的觀點，是要從社會的經濟發展中，從生產方式和交換方式的變易中，從社會上由此產生的階級分化中，從這些階級的鬥爭中，去尋求一切重要的歷史事變之基本原因和決定的動力。

如果我證明歷史的唯物論對於英國庸人的『尊嚴』也有利益，那麼人們或許對我更客氣些。我在上面已經說過這一事實，就是四五十年前，居住在英國的受過教育的外國人，討厭看見英國『尊嚴的』中等階級之迷信宗教和愚蠢。我現在就要證明，那個時代英國的『尊嚴的』的中等階級，並不像外國知識分子所想像的那樣愚蠢。他們宗教信念是有其理由的。

當歐洲脫離中世紀的時候，處於增長過程中之城市資產階級，是其革命的因素。資產階級以前在封建制度內所取得的地位，已經變成太過狹小不夠它的發展了。資產階級的發展，與封建制度已成不能並立的形勢：封建制度必須毀滅。

封建制度的國際的中心乃是羅馬天主教的教會。不管一切內部的戰爭，羅馬天主教會還是把整個封建的西歐統一起來成為一大的政治整體，以與希臘正教及回教國家相對抗。這個教會（羅馬的天主教會），把神賜的聖光加於封建制度

之上。這個教會倣效封建制度的等級制造成自己的教會的等級制，並終於使自己成爲最強大的封建領主，它至少佔有天主教全部所有土地的三分之一。要分別地在各國打倒封建制度，就應該先毀滅這個中心的神聖組織。

科學的巨大發展與資產階級的長大，並行前進；對於天文學、機械學、物理學、解剖學和生理學，重新有興趣起來了。資產階級，爲發展工業生產起見，需要科學，以研究物理上物體的屬性和自然力的表現形式。在那時以前，科學是教會的恭順的奴婢。教會從來不允許科學跨出宗教信仰所限定的界線之外，因此，那時的科學是全非科學的。現在科學暴動起來反對教會了；資產階級需要科學，因此它參加了這個暴動。

以上，我說到了日益長大的資產階級必然要與當時居統治地位的教會發生衝突的兩點原因，但已經足夠證明：第一，在反對天主教會權力的鬥爭中，最有直接利益關係的是資產階級；第二，一切反對封建的鬥爭，當時都要帶着宗教的外衣，而且首先必然反對教會。但當時如果大學和城市商人發出戰鬥的呼聲，那麼這一呼聲一定能在鄉村民衆中在農民中獲得響亮的迴聲——當時農民到處向教會和世俗的封建主，進行劇烈的鬥爭，以求得自身的生存。

資產階級反對封建的大鬥爭，在三次大的決戰中，達到最緊張的程度。

第一次鬥爭是德國的宗教改革。路德對於反教會暴動的

號召，引起了兩次政治暴動：開始西肯根（Franz Von Sickingen）領導小貴族舉行暴動（一五二三年），以後又有農民大戰爭（一五二五年）。這兩次都失敗了，主要是由於最有切身利益的城市資產階級之不徹底，這上面的原因，我們在這裏不能詳述。從那時起，鬥爭就蛻化爲各地公侯和中央皇帝政權間的混戰，其結果，使德國在兩個世紀中，失去在歐洲民族中起政治作用的資格，可是路德的宗教改革，却產生一種新宗教，一種適合於專制帝國的宗教。德國東北部的農民，還不及改信路德教，就已由自由人變成了農奴。

路德雖然失敗了，加爾文（Calvin）却獲得了勝利。加爾文的教條正適應當時最激進的一部分資產階級的要求。他的宿命論的學說，就是下列事實在宗教上的反映，卽：在商業競爭世界中，成功或破產並不依靠於個人的活動和技巧，而是依靠於那種不受個人支配的環境。成功或破產，並非由個人的意志和行動來決定，而是由至大的和無形的經濟權力所決定的。這在經濟革命的一個時代，特別是正確的，那時一切舊的商業中心和一切舊的道路，都爲新的中心和新的道路所代替了，那時印度和美洲市場被發現了，那時自古以來最寶貴的經濟的聖物——金和銀的價值——也受到動搖而趨於衰落。加爾文的教會制度，是完全民主的共和的；上帝的王國既然共和化了，那麼世上的王國自然不能仍在君主、主教和諸侯統治之下。如果路德教在德意志變成了德意志小公侯手裏的便利工具，那麼加爾文教却在荷蘭創立了共和國並

在英國特別在蘇格蘭創立了有力的共和黨。

資產階級的第二次大暴動，就將加爾文教看作現成的鬥爭的理論。這次暴動爆發於英國，城市資產階級首先發動，鄉村中的農民以及自耕的小土地所有者，則使運動勝利。奇怪的，卽在三次資產階級革命中，農民供給了戰鬥的軍隊，可是在勝利之後，農民却反因這一勝利的經濟結果而趨於破產。克倫威爾（Cromwell）之後一世紀，自耕的小土地所有者就消滅了。可是，這些小土地所有者與城市平民分子，正是帮助了資產階級，使其鬥爭能夠達到徹底結果，並將查理士第一推上斷頭台去。爲着收獲那時已經成熟的資產階級勝利的果實，革命必須遠超過其原來的目的——一七九三年在法國和一八四八年在德國，也都是如此。這似乎正是資產階級社會發展的規律之一。

在革命行動超過限度以後，接着就是來了不可避免的反動，這個反動也超過其原來的目的。經過了多次搖擺之後，新的重心終於定下了，並且變成往後發展的出發點。對於英國歷史上的偉大時代，英國的庸人竟稱之爲『大叛亂』，而對於隨後祇以一六八九年比較微小的事變爲結局的鬥爭，自由派歷史家則反稱之爲『光榮的革命』。

新的出發點是日益長大的資產階級和以前的封建大地主間的妥協。這些封建地主，雖然當時甚至到現在都還被稱爲貴族，其實是早已在轉變成爲後來路易菲立浦（LouisPhilippe）很久才變成的那種『國內第一資產者』了。可幸，在英國，

舊的封建諸侯已經在『紅白玫瑰戰爭』中自相殘殺殆盡了，他們的後裔，雖然一般是從舊世家出身，但是離開嫡系已經很遠，他們另成一個新的集團；這個集團的習慣和趨向，與其說是封建的，毋寧說是資產階級的。他們完全認識金錢的價值，他們驅逐幾百家佃戶，代之以綿羊，以便立卽增加他們的地租。亨利第八把教會的土地廉價分賣及贈送，而從資產階級中造成了一大批新的地主；直到十七世紀末，沒收大的采邑以轉賣給半暴發戶或全暴發戶的事，還是繼續發生，它也造成了同樣的結果。所以，自從亨利第八以來，英國的『貴族』，不僅不反對工業生產的發展，反要設法從這中間取得利益。同樣一部分大的土地所有者，因爲經濟和政治的原因，同意與工業及金融資產階級首領合作。一六八九年的妥協，所以很容易就實現了。政治的贓物——地位、清貴位置、大的薪俸——仍留在大貴族世家手裏，而金融、工業及商業的資產階級的經濟利益，則受到維護。資產階級的經濟利益，當時已充分強大了，結果資產階級支配了總的全國的政治。關於零碎問題的爭端，固然也發生過，但貴族的寡頭統治，明白知道，他們自己的經濟幸福，是以不可分裂的鎖鍊與工業及商業資產階級的經濟繁榮相聯繫着的。

從那時起，資產階級變成了英國統治階級中恭順的可是正式被承認的一個組成部分了，它與其他部分有共同利益來鎮壓全國的廣大勞動民衆。商人或工廠主，對於其夥計、工

人和僕役，就站在主人的地位，或者像不久以前英國人所說的，站在『天然上司』的地位。他們要從工人中榨取勞動，數量愈多愈好，質量愈好愈妙，爲此目的，他們必須訓練工人使之順從馴服。他們是敎徒，宗敎曾經成爲他們戰勝國王和貴族的旗幟；他們不久又發現宗教可以被利用來麻醉他們的『天然下屬』的靈魂，使之服從主人的命令，使之相信主人是上帝位置於工人頭上的人。簡單說，英國資產階級從此時起，也來共同壓迫『下等階級』——全國廣大的生產羣衆了；其所用手段之一，就是宗敎。

另外一種情況也助長資產階級的宗教傾向，這就是英國唯物論的興盛。這個無神的新學說，不僅觸怒了敬神的資產階級，而且還自己宣佈是一種祇適用於受敎育有知識的人們的哲學，而與無知識的人們（包括資產階級在內）的哲學對抗，霍伯士帶着唯物論，出來成爲國王萬能權力的辯護士，並且號召擁護君主專制去壓迫平民——這個『強壯而頑強的小傢伙』。霍伯士繼承者波林勃洛克（Bolingbroke）莎夫推斯盤利（Shaftesbury）等也是一樣；新的自然神論式的唯物論，像過去一樣，仍舊是貴族祕傳的學說，由其宗教的異端性及其反資產階級的政治關係，遂爲資產階級所仇視。所以爲對抗這種貴族的唯物論和自然神論起見，新教的敎派，就成爲進步的中等階級造成之主要戰鬥力量；此敎派在過去反對斯居亞德（十七世紀英國皇朝姓）皇朝戰爭中，曾經供給了旗幟和戰士，如今仍成爲『大自由黨』的骨幹。

在這時候，唯物論就由英國傳到法國去，在那裏遇見了另一派唯物論——笛卡兒學說的一支派，而與之混合。最初，唯物論在法國也是專屬於貴族的一種學說，但其革命性不久就顯露出來了。法國的唯物論者不限制他們的批評於宗教問題範圍內，他們批評當時一切科學傳統和政治制度。他們爲要證明他們的學說可以普遍應用起見，他們勇敢地在一部鉅大著作中，即他們所由之得名的『百科全書』中，應用唯物論於知識的一切問題。這樣，這個學說，在其任何一個形式——公開的唯物論形式或自然神論形式——之下，都成爲法國一切受教育的青年之信仰。它的影響是如此的大，竟使在大革命爆發時，這個由英國皇黨孕育出來的哲學學說，被共和黨和恐怖黨拿去作理論的旗幟，並被作爲『人權宣言』的底本。

法國大革命就是資產階級的第三次暴動；但這是第一次完全丟開宗教面具，而公開的站在政治上作戰。這也正是第一次實行鬥爭到底，直至交戰的一方（貴族）被消滅而另一方（資產階級）完全勝利。在英國，革命前的制度和革命後的制度並存，地主和資本家妥協，這種情形反映出來的，是以前的訴訟程序仍舊存在，是封建的法律形式仍是很受尊重的保存着。在法國，則革命完全與過去的傳統斷絕關係，掃盪封建制度的最後遺跡並頒布民法——這法是巧妙的採用舊『羅馬法』，使之適合於近代資本主義條件的。法國民法差不多完全反映馬克思所稱爲『商品生產』的經濟發展階段之

法律關係，它採用得這樣巧妙，使革命的法國民法，直到現在還成爲一切國家（連英國也在內）用來改善財產法令所根據的範本。這上面，不要忘記，英國的法律，是繼續用封建的野蠻語言，來表示資本主義社會的經濟關係的——這種野蠻語言，對於其表示的事物的適合性，正好像英文的寫法對於其讀音的適合性一樣（一個法國人說：『你寫的是倫敦，但你讀的是君士坦丁堡』）。但是這一英國法律，却是唯一的法律，經過幾世紀還能把其中傳自古代日耳曼民族關於個人自由、關於地方自治、關於除法庭外不受任何干涉的種種保證之最好部分，保存起來，並且流傳到美洲及殖民地去，這些部分，在歐洲大陸，於君主專制的權力之下，是已經喪失了，而且直到現在還未在任何地方，被完全恢復起來。

我們再回轉來說英國資產階級。法國革命給了英國資產階級以良好的機會，使之能因大陸上君主專制之助，來破壞法國的海上貿易，吞併法國的殖民地並消滅法國對於海上爭霸的最後的意圖。這就是英國資產階級所以向法國革命鬥爭的原因之一。第二個原因，就是法國革命的方法，極不合英國資產階級的脾胃，不僅因爲法國的『可恨的』恐怖主義，而且還因爲法國企圖推行資產階級統治到極端的地步。確然，英國資產階級沒有自己本國的貴族能行嗎？英國貴族教給資產階級以漂亮態度（與老師相稱的態度），替它發明時髦的服裝，供給它以陸軍軍官去維持國內治安，供給他海陸軍軍官，去佔領殖民地和國外市場。不錯，資產階級中有

一小部分進步分子，他們從這種妥協中並沒有得到多大的利益，這一部分人主要是屬於不甚富裕的中等階級，他們同情於革命，但他們在會議中是沒有力量的。

這樣，唯物論愈加成爲法國革命的信仰的象徵，敬神的英國資產階級，就愈加加緊的抓住宗教。巴黎的恐怖統治豈不明顯表示，如果羣衆失去宗教信仰的話，世界將鬧成甚麼樣子呢？唯物論愈是從法國傳播到其他國家去，愈是結合類似的各派學說尤其德國哲學而堅強起來，唯物論和自由思想愈是眞正變成大陸一切受教育的人所必需的標幟，英國中等階級就愈是抓緊各種各樣的宗教信條，這些信條中間，雖然各有不同，但無條件的都是基督教的宗教信條。

正當革命在法國保證資產階級勝利的時候，英國的瓦特（Watt）亞克來以特（Arkwright）卡特來以特（Cartwright）及其他諸人，給了產業革命以最初的發動，使經濟力量的重心完全轉移。資產階級的財富，比貴族的財富無比地增加得更快。在資產階級的內部，金融貴族、銀行家等，也被工廠製造家推於次等地位了。一六八九年的妥協，卽在以後根據資產階級利益而作了部分的修正，也已不能適合雙方力量的對比了。參加妥協的雙方的性質，也已改變：一八三〇年的資產階級，與前世紀（十八世紀）的資產階級，有巨大的差別。政治權力還在貴族手中，貴族使用這種權力，來抵抗工業資產階級之新的意圖，這種權力情況已經與新的經濟利益不能並存了。因之反對貴族之鬥爭，不得不恢復起來；這種

鬥爭的結果，只有使新的經濟力量獲得勝利。首先，在一八三〇年法國革命的影響之下，『國會的改革』就不顧一切反對而被通過了。這使資產階級能在國會中取得公認的強大的地位。隨後，穀物條例的廢除，又永遠保證了資產階級特別是資產階級中最活動的部分即工廠主對於貴族的優勢。這是資產階級最大的勝利；但這次勝利，又是專爲資產階級本身利益的最後一次勝利。以後各次的勝利，資產階級就不得不與另外新的社會力量，分佔利益，這社會力量，最初是它的同盟者，不久卽成爲它的敵人了。

產業革命產生了強大的資本家工廠主的階級，同時也產生了人數更多的工廠工人的階級。隨着產業革命一一蔓延於各個生產部門，工人階級也跟着在數量上不斷的增加起來，隨着其數量的增加，工人階級的力量也增加起來，這一力量在一八二四年强迫倔强的議會廢除禁止結社自由的法律之時，就已表現出來。在要求『國會的改革』的鼓動中，工人就已成爲改革黨中的激進的一翼；當一八三二年的『國會的改革』仍不許工人有選舉權時，工人就提出他們的要求於『人民憲章』之中，並自己組織起來，成爲獨立的政黨——憲章黨，以與反穀物條例的强有力的資產階級同盟相對抗。這是近代第一個工人政黨。

隨後，一八四八年二月和三月的大陸革命爆發了，在這革命中，工人起了很重要的作用，並至少在巴黎提出他們的要求，這些要求，就資本主義社會觀點看來，是決不能允許

的。以後就來了普遍的反動。最初是一八四八年四月十日憲章黨的失敗；其次是同年四月巴黎工人暴動之被鎮壓；又其次是一八四九年意大利、匈牙利和德國南部的挫敗；最後是一八五一年十二月二日拿破崙第三在巴黎的勝利。這樣在某一時候，工人要求之可怕聲勢，是被壓抑下去了，但費了多少代價呢！如果以前英國資產階級就以為必須把普通人民束縛於宗教的羅網之中，那末，經過這些經驗以後，他們對於這種必要的感覺，應當更強烈到多少程度呢？英國資產階級，不管其大陸同僚之譏笑，仍然繼續一年一年的花費千百萬金錢去向下層階級宣傳福音；英國嫌自己的宗教機關不夠用，當時還請求宗教投機的最大組織者——兄弟的美國來幫助他，還從美國輸入摩提（Moody）和桑凱（Sankey）等人的基督復活派（Revivalism），※ 最後並接受救世軍的危險的帮助——救世軍是要復興原始的基督教的宣傳，宣言窮人是上帝的選民，用宗教形式，攻擊資本主義，並發揮原始基督教的階級對抗論的某些方面，這些方面，對於現在供給金錢來發展救世軍的大富翁，將有一天，會成為很不方便的。

資產階級在歐洲任何一個國家，不能像中世紀長時期內封建貴族那樣，獨佔的掌握政權——至少也不能這樣長久

※　基督復活派是美國一種復活宗教的運動，其目的是恢復往下低落的宗教的影響，傳播並鞏固宗教的影響。在十九世紀這一教派的組織者之中，恩格斯指出了美國的教士摩提與桑凱。
——編輯部註

——這似乎是歷史發展的一種規律。就是在封建制度完全被掃盪了的法國，資產階級以其整個階級執掌全部政權，也只是很短的時期。在路易菲立浦統治底下，即從一八三〇年至一八四八年時，只有一小部分的資產階級，統治了法國，很大的一部分的資產階級，則被很高的選舉標準所限制，沒有選舉權。在第二共和國底下，即從一八四八年至一八五一年時期，固然整個的資產階級統治了，但爲時不過三年；因爲資產階級政治上的無能，所以爲第二帝國開闢了道路。僅僅是現在，在第三共和國底下，整個的資產階級才保持政權至二十餘年；但現在已經露出一些明顯的崩潰的徵兆了。資產階級長久的統治，直至現在只有在像美國那樣，從來沒有經過封建制度，而社會一開始就建築在資產階級基礎之上的國家，才是可能的。然而在美國，像在法國一樣，資產階級的繼承者——工人——已經在大聲的敲門了。

資產階級從來未曾在英國獨佔政權。甚至一八三二年的勝利，還仍舊讓地主貴族專有差不多一切的高級政府位置，富裕的資產階級情願自處於恭順的地位，這件事在我未曾聽見自由派的工廠主福斯德的一次公開演說以前，是不能夠了解的，福斯德在他的演說中，勸伯拉福特（Bradford）的青年人爲着自己福利學習法文。他舉自己作例，並敍說他成了大臣以後，進到一種社會中，在這社會中，法文至少是與英文有同樣的必要，結果自己成了鄉愚。事實上當時英國的資產者，普通都是一些未受教育的暴發戶，他們無論願意不願意，

祇得將國家位置的一切高等地位讓給貴族，因爲在那裏除了商業及幹練所造成的島國的褊狹和島國的自大之外，是還需要其他資格的。※即在現在報紙上關於資產階級教育的無窮的爭論，也足夠證明英國中等階級還以爲自己不適於受高等教育而爲自己尋找一種比較謙卑些的東西。無怪，在廢除穀物條例以後，取得勝利的人物哥卜登（Cobden）伯來特

※　英國的民族國家主義的自大習氣，就是在商業上也是不利的。直至最近，普通的英國廠主，還以爲英國人說外國話，是失去自己的尊貴。而且見到外國窮人到英國來住家並替英國人運輸生產品到外國去，免除許多麻煩，於是便在某種程度內，引此以自傲，他們全未想到，這些外國人——其中德國人佔多數——由於上述情形，便能奪取英國對外國貿易的一大個的部分（輸入不少於輸出）；英國的直接對外貿易，却差不多逐漸被限制於殖民地，中國、美國、南美洲的範圍。他們更少能看見這些德國人與其他在外國經營商業的德國人進行貿易，他們逐漸在全地球上組織一個完全的商業殖民地網。當四十年前德國認眞開始經營輸出品的生產時，這個殖民地網，成爲一種現成的機關，給德國以非常大的幫助，使德國能於很短時間內，由輸出糧食的國家轉變爲第一等的輸出工業品的國家。於是在大約十年前，英國製造家便恐慌起來，並詢問英國的公使和領事：爲什麼他們不能保持着自己的顧客呢？答覆是一致的，即：（一）你們沒有學你們顧客的語言，你們都要他們來說你們的語言；（二）你們沒有設法去滿足你們顧客的需要、習慣和嗜好，你們却要他們來接受你們的需要、習慣和嗜好。——恩格斯註

（Bright）浮斯德等，完全被擯於國家政府機關之外，而人們卻以爲是自然的事。祇有再經過二十年發佈新的改良的時候，他們才有門路到內閣去。英國資產階級直到現在還是這樣深刻的自慚社會地位的低微，使他們寧可用自己和國家的錢去豢養一個寄生的等級，這一等級，在一切莊嚴的場合中光榮地代表民族；當資產階級中間有一個人能夠加入這個天選的和特權的集團的時候，他們便引以爲無上的光榮——其實這個集團正是資產階級自己造成的啊！

這樣，工業和商業資產階級尚未達到澈底驅逐地主貴族滾出政權的時候，另一個敵手——工人階級——已經出場了。隨憲章運動和大陸革命以後而來的反動，以及一八四八年至一八六六年英國工商業的空前發展（平常以爲這種發展，祇是由於自由貿易，其實它更多地是由於鐵路航海以及一切交通工具的巨大發展），又一次的使工人階級陷於自由黨的影響之下——工人階級在憲章運動以前曾是自由黨中的激進的一翼。但不久，工人對於選舉權的要求，逐漸成爲不可壓抑的了；正當自由主義的灰格派（Whigs）（英國自由黨的前身）首領儒怯動搖的時候，狄斯拉耶里（Disraeli）卻顯示了自己的高明，他利用對於多利派（Tories 英國保守黨的前身）有利的時機，就在城市選舉區中實行一種法令，使每個居住單獨房屋的人，可有選舉權，並且修正選舉區制。隨後又引用祕密投票制。在一八八四年又將戶主的選舉權，推廣到一切地區，包括貴族的特區，並且又重新分配選舉

區，使各區選舉權在某種程度內達到差不多相等的地步。所有這些設施，大大的增加了工人階級在選舉中的影響，在一百五十至二百選舉區中，工人佔選舉人的多數。但議會制度是訓練人們去尊敬傳統的最好的學校；如果中等階級是以崇拜態度和虔誠敬意對待曼涅士（Manners）爵士所戲稱爲『我們的老貴族』的集團，那麼工人羣衆也是以尊重和恭敬態度對待當時被稱爲『好人的』資產者。眞的，在十五年前，英國工人是模範的工人，他們對待主人的恭敬態度，以及他們要求自己權利時的謙虛，儘可以安慰我們德國的天主教社會主義的經濟學家——這些經濟學家，正是苦於本國工人的改不了的共產主義和革命趨向。

但英國的資產者，究竟是生意上的人，他們比德國教授看得更遠。他們祇是在環境壓迫之下，才分若干權利給工人階級。他們在憲章運動幾個年頭中認識了『壯健而頑強的小傢伙』（卽平民）能夠做出什麼來，從此以後資產階級就被迫不得不接受『人民憲章』中極大部分的要求，而使之成爲法律。現在比以前，更須要用道德的方法將平民束縛於迷惘之中，而第一個影響羣衆的重要方法，仍舊是宗教。所以很多的牧師坐在學校的辦公室裏，所以資產階級拿出更多的經費去豢養各種教派的教徒，從崇禮派直至救世軍。

現在英國的『尊嚴』的庸人態度，已向大陸資產階級的自由思想和怠慢宗教態度，宣告勝利了。法國和德國工人，已經變成了頑抗者。他們完全地沾染了社會主義；因爲許多

原因，他們根據非常容易了解的理由，在選擇爭取權利的手段時，是沒有顧慮到遵守法律的。『壯健的小傢伙』，一天比一天更『頑强』了。法國和德國資產者，祇得採取最後的一種辦法，就是悄悄地拋開他們的自由思想；正好像一個少年公子，在海船上漸漸覺得暈船時候，就將他未上船時吸着出風頭的那枝雪茄烟拋入海中去一樣。不然，還有什麽辦法呢？以前嘲笑宗教的人，現在一個個的裝出虔誠的外表用恭敬的態度，去談論教會信條和儀式，而且在不可少的時候，還自己來奉行這些事情了。法國資產者在星期五那天實行吃素，德國資產者在星期日木坐於教堂中，傾聽新教教士的冗長的說教。他們都與唯物論絕交了。『應該爲平民保存宗教』，這是挽救社會出於最後崩潰的最後的唯一的方法。可惜他們是在先盡力破壞宗教使之永不能存在以後，才發現出這個眞理。現在輪到英國資產者出來嘲笑了，他們呼叱道：蠢才！這個我們在兩世紀前就早已能夠向你們解說了！

然而，我恐怕，無論英國資產階級對於宗教的愚蠢信仰，無論大陸資產階級『亡羊補牢』式的皈依宗教，都不能阻止衝破隄防的無產階級的巨潮。傳統是一種大的阻礙力量，是歷史的『惰力』，但這種力量，是消極的，所以必定要被打破。宗教同樣的不能成爲資本主義社會的永久的保障。如果我們法律哲學和宗教觀念，都祇是某種社會內支配的經濟關係之親近的或疏遠的枝葉，那麽在經濟關係根本改變之時，這些觀念，也决不能繼續支持下去。除非我們相信

有超自然的奇績，否則，我們就祇得承認任何宗教信條都不足以維持一個趨於崩潰的社會。

事實上，英國工人已經重新進入運動中了。無疑的，他們還受種種傳統的束縛。首先是資產階級的傳統：例如，有一種普遍的成見，以爲英國只能夠有兩個政黨——保守黨和自由黨，以爲工人階級要得解放，必須依靠強大的自由黨的幫助；也還有工人階級從最初不自信地企圖獨立行動的時候所遺留下來的傳統：例如舊工會開除一切沒有經過規定的學徒時期的工人，這種辦法實是等於每個工會自己造成本身的工運破壞者，但不管所有這些，英國工人階級，還是往前運動着；使拍棱丹諾教授(Brentano)也不得不憂愁地將這個事實告訴他的『天主教社會主義』的朋友。不差，工人階級向前運動，像英國一切事情一樣，是用緩和而受節制的步伐表現着，而且多少作些無效果的企圖。工人階級在運動時，這裏或那裏，對於社會主義的字面，表示過分的不信任，但同時却採用了空想社會主義的實質。可是它確是運動着而且向前運動着，包括起更多的工人階層。它已經把倫敦東區的不熟練工人，從睡夢中喚醒起來；我們大家可以看到這種新力量，是給了何種強大的推動。運動的進程，固然沒有某些缺乏耐性的批評，像所希望的那樣迅速，但讓他們不要忘記：英國工人階級是保存着英國民族性的最好的方面，在英國所爭取的每一個進步，普通是永遠不會白白失掉的。如果憲章黨工人的兒子，因爲上述原因，還不能表現得像我們所期待

的那樣，那麼他們子孫是一定不會辱沒他們的祖先的。可是歐洲工人階級的勝利，不是專靠英國，這勝利要得保證，至少必須英法德三國工人階級相互合作。在法德二國中，工人運動，的確比較英國前進得多。德國工人階級到成功的距離是能夠計算的。二十五年來所得的成績，是無可比擬的。工人運動以日益增加的速度前進着。如果德國資產階級，表示自己可悲的迷信，表示自己喪失了政治、才能、紀律、勇氣、毅力和堅忍心，那麼德國工人階級就表示出自己綽綽有餘的具有這些特質。四個世紀以前，德國曾經是歐洲中等階級第一次大暴動的發源地；在目前形勢下，德國不也可能成爲歐洲無產階級第一次偉大勝利的舞台嗎？

一八九二年四月二十日於倫敦

社會主義從空想到科學的發展

I

近代社會主義在其內容上說來，首先一方面是對於那統治於近代社會內部的有產者與無產者間、資本家與工錢勞動者間的階級對立之理解結果，他方面是對於那支配於生產中的無政府狀態之認識結果。可是，由其理論形式言之，則近代社會主義最初好像是十八世紀法國各大啓蒙學者※所提意見的更廣大與顯然更澈底的發展。近代社會主義的本身根據，雖然是基於物質經濟事實之上，可是在開始時候，它不得不和任何新學說一樣，把先有的思想資料當作出發之點。

在法國爲當前的革命而啓導人的頭腦的那些大人物，自己也是絕頂革命的，他們不承認任何種類的外界權威。宗教、自然觀、社會、國家制度——一切都受到無有的批判，

※　這是指法國大革命（一七八九——一七九四年）準備時期法國資產階級在哲學上科學上的代表，著名的啓蒙學者有伏爾泰，盧騷，以田特羅爲首的百科全書派等。——編輯部註

一切都要站到理性的審判台前面來，如果他們不能聲明自身存在的理由，那末，就被判定要斷絕自身以後的存在。理性成了測定一切已成事物的唯一的尺度，這正是像黑格爾所說的『世界立於頭腦上的時代』※——這話的意義，首先是說：人的頭腦以及因頭腦思維之助而找出的原則，要求成爲一切人的行動與社會關係的基礎；再後更廣義的說，就是與上述原則相矛盾的現實（Realitat），實際上是被上下顛倒過來。一切以前的社會形式及國家形式，一切傳統的觀念，都被認爲是不合理的東西，而一切過去的事情，祇值得憫恤與

※ 黑格爾關於法蘭西革命這樣的說：『思想、法律的觀念，立刻表現出它自己的力量來了，舊時代的錯誤的機構，不能對它作任何的抵抗。這個法律的觀念，就成爲憲法的基礎，以後一切事情，都得以此爲根據。自從天空中照着太陽，而行星圍繞太陽運行以來，從來沒有見過人立在自己的頭腦上，這就是說，根據理想、按照理想去構造現實。阿那克薩哥拉斯（Anaxago-ras）算是第一個說理性統治世界的；可是祇到現在，人們才達到這般地步，來承認思想應當統治精神的現實，這確是一個光輝的日出。一切能思想的生物，都欣喜地歡迎這一新時代的來到，一種高尙的情感，充滿了這個時期，全世界被一種智慧的熱忱所浸潤，彷彿和人世間的調和，第一次被達到了。』（黑格爾著：『歷史的哲學』，一八四〇年出版，五三五頁）難道現在不應當就立即用反社會主義者的法律，去反對已死教授黑格爾的這種危險的革命的思想嗎？——恩格斯註

鄙視。現在呢？曙光第一次出現了，理性的王國到臨了，從今以後，偏邪、特權，壓迫等等，將爲永恆的眞理，永恆的正義，和根據於自然法則之上的平等及不可剝奪的人權等等所代替了。

但是我們現在知道，這個理性的王國，不是別的，正是理想化了的資產階級的王國，永恆的正義，正實現於資產階級的法律之中，而平等也正祇是公民在法律上的平等，並且資產階級的財產權，宣佈爲最基本的人權之一。理性的國家，盧騷※的公約，在實際上就是而且祇能是資產階級的民主共和國。十八世紀的偉大的思想家，亦與其先驅者一樣，總不得超越他們本身時代所規定的界限之外。

但是除封建貴族與出來作爲整個社會其餘部分代表的資產階級二者之間的對立以外，還存在着一般的剝削者與被剝削者、富裕的游惰者與勞動的貧窮者之間的對立。正是這種情形，使資產階級代表，能夠標榜自己不但是特殊的一個階

※ 盧騷（一七一二——一七七八年）是一七八九——一七九四年法國大革命準備時期小資產階級思想家之一。他認爲社會及國家最初是由自由的、互相獨立的人們訂立自由的社會公約而組成的。可是這種公約所建立的社會制度，以後因爲社會不平等的產生而被歪曲了。但是人類是天生自由與平等的，所以他們應當擁有一樣的政治權利，而且一般的對於一切問題，應當在法律上得到平等。按照盧騷學說，要恢復這種平等，也祇能夠而且應當根據於人們相互間自由的社會公約之上。

級的代表者，而且是整個受苦的人類的代表者。不僅如此，從其發生時起，資產階級就帶着它的對立體以俱來，資本家不能無僱傭勞動者而生存。當中世紀行會的行主，發展爲近代的有產者之時，行會的傭工及行會以外的短工，也以同樣程度，轉爲無產者。雖然一般的整個的說，資產階級在和貴族鬥爭之時，可以要求某種權力，來同時認爲自己是當時各個勞動階級的代表，可是無論如何，在每個大的資產階級運動之中，成爲近代無產階級的多少發展的先驅者之階級，也已爆發了他們自己階級的獨立運動，例如德意志宗教改革※及農民戰爭時代的壯年洗禮派和苗采爾的運動、英國大革命※※時代的平均派(levellers)、法國大革命時代的巴貝夫（Babeif）。※※※隨着這個尙未成熟的階級的革命行動而興起的，還有與之相適應的理論的表現：在十六世紀及十七世紀有

※ 德國的宗教改革與農民戰爭，發生於十六世紀初。參看本書序文三。

※※ 英國大革命，發生於十七世紀（一六四〇——一六六〇），這是反對君主專制反對封建地主統治的資產階級革命，克倫威爾是資產階級所提出來的專政者，他鎭壓了平均派的運動。

※※※ 巴貝夫的共產主義，是根據在平等的思想之上，巴貝夫及其信徒認爲要實現共產主義制度，就須要由共產主義者組成一個不大的陰謀的集團，來實行陰謀與政變。巴貝夫共產主義的這些特點，正反映那個成爲近代無產階級前身的階級之不成熟的狀況。——編輯部註

理想社會制度的烏託邦的描寫；※在十八世紀，已直接有共產主義學說（摩萊里Monelly馬勃里Mably），在這時候，平等的要求已經不僅限於政治的權利，這要求應該擴大到個人的社會地位上；而且指明了應該消滅的不只是階級的特權，而且是階級區別的本身。這個新思想所表現的最初的形式是斥責一切人生享樂的禁慾的，有似於巴達式主張的共產主義。其後，出現了三大思想家：聖西門，他除無產階級的傾向以外，還有資產階級傾向的某些影響；傅立葉；最後歐文，歐文居於資本主義生產最發達的國家，受到這一生產方式所產生的各種矛盾的影響，於是他有系統的發揮自己的消滅階級差別的方案，製成直接與法國唯物論相聯的那種體系。

上述三位烏託邦主義者（空想家）的共同特點，卽在於他們都不是提出自己爲當時順着歷史發展起來的無產階級的利益之代表。烏託邦主義者和啓蒙學派一樣，也想建立一個理性及永恆正義的王國。但是他們的王國，和啓蒙學派的王國相較，實有天壤之別。在他們看來，根據啓蒙學派的原則而建立的資產階級世界，也是不合理的，不公正的，所以應該和封建制度及一切以前的社會形式一樣，同被毀除，眞正的理性及正義法則之所以迄今尙未治理世界者，那是在於它

※　恩格斯在這裏是指空想社會主義代表湯麥斯摩爾（十六世紀）康班尼拉（十六——十七世紀）著作中關於沒有私有財產的理想社會制度的描寫。—— 編輯部註

們還未眞確的被人所認識，所缺的正是那種富於天才的人物，這樣的人物，現在有了，而且把全部眞理認識了；天才者之所以在現在方才出現，眞理之所以在現在方被認識者——這個事實，在他們看來，並不是歷史發展總的進程所造成的必然結果與不可避免的事件，而是一種僥倖的偶然事件。這樣的天才者，在早五百年前，也同樣順利地可以產生，如果這樣，那人類就可以免去五百年的無謂錯誤、鬥爭與痛苦了。

我們已經看到十八世紀的準備了革命的法國哲學家，如何求助於理性，把理性當作一切現狀的裁判者。他們要求建立理性的國家，理性的社會，要求無情地毀滅一切與永恆理性相反的東西。

我們也已看到，這個永恆的理性，實際上不是別的，正是當時中產市民的理想化的悟性，此種中產市民，那時正在發展成爲近代的資產階級。

可是後來，當法國革命實現了這個理性的社會與理性的國家之時，就明顯的看到這個新的制度，雖然比較舊制度合理些，但還是離絕對的合理很遠。理性的王國限於完全的毀滅了。盧騷的社會公約，在恐怖的統治中※找到了自己眞實的實現；失望於自己政治能力的資產階級，爲着在恐怖中挽

※ 在一七九三——一七九四年以甲可賓黨（革命的小資產階級及勞動貧民的代表）爲首的法國革命政府採取恐怖統治來作爲與反革命鬥爭的手段。——編輯部註

救自己起見，開始求助於賄賂執政府，更復託庇於拿破崙的專制政治之下，早先允諾的永久的和平變成了無窮的掠奪戰爭。※

理性的社會制度，也沒有遭受較好的命運。富有與貧窮間的對立，不但是沒有化爲全社會的幸福，而且反因那種溝通對立的行會制度以及其他特權的廢除，因那種稍爲減輕貧富對立的宗教慈善設施的廢止，而更加尖銳化起來。現在在事實上所實現的脫離封建桎梏的『財產自由』，對於小資產者與農民，不過是在大資本與大農業強大競爭壓迫之下出賣他們小財產的自由罷了：正是這些大財產，使『財產自由』對於小資產者轉爲脫離財產的自由。

建築於資本主義的產業之迅速發展，使工人羣衆的貧窮與困苦成爲一種社會生存的必要條件。金錢的收付，像卡拉易爾（Carlylc）※※所說的，成爲這一社會的唯一的聯繫因素。犯罪之數一年增加一年，以前的無恥的白晝橫行的封建時代的罪行，雖沒有消滅，但變成次要的了，可是以前暗下偷做的資產階級的罪惡，現在却狂放其花了，商業日益更甚地帶着欺詐性。革命的箴言『博愛』，實際上只表現於競爭中

※ 執政府是一七九四年法國資產階級在推翻甲可賓黨專政後所建立的政府。執政府從一七九五年繼續存在到一七九九年，以後被拿破崙第一所推翻。拿破崙開始稱爲統領，後來便宣佈爲皇帝，他指揮法國進行許多侵略的戰爭。——編輯部註

※※ 卡拉易爾是英國封建社會主義的代表之一（見『共產黨宣言』）。編輯部註

的詭計與嫉視。賄賂代替了暴力的壓迫，金錢代替了槍尖成爲社會權力的主要來源。初夜權從封建的領主傳於有錢的廠主。賣淫增加到空前的程度，甚至婚姻的本身，依然和以前一樣，是一種法律所承認的賣淫形式和賣淫的官式的掩蓋，而且此外還有普遍的通姦事件來補充。總而言之，和法國啓蒙學派所作的華美的約言相較，『理性的勝利』所造成的社會及政治制度，只是一幅引人深刻失望的諷刺畫。所缺少的，祇是寫定這種失望情形的人罷了；可是這種人，在新世紀來到時，也就出現了。在一八〇二年出版了聖西門的『日內瓦書翰集』，在一八〇八年出版了傅立葉的第一部著作，雖然他的理論的基礎是早在一七九九年時規定的了；在一八〇〇年一月一日歐文接受了紐拉納爾克廠的管理。

當這時候，資本主義生產方式以及與之相聯的資產階級與無產階級間的對立，還很少發展。剛在英國產生的大工業，在法國還完全不知道。可是只有大工業會一方面發展它所造成的諸階級間的衝突，並發展它所造成的生產力及交換形式間的衝突，只有這種大工業所造成的衝突，才使生產方式中的革命與生產方式的資本主義性質的廢除，成爲一種迫切的需要；他方面也只有大工業在這些偉大的生產力中發展着可以解決它所造成的矛盾之手段。如果在一八〇〇年時，那種從近代社會制度上產生出來的矛盾，還正在開始發生，那末，可以解決這個矛盾的手段，自然是更少了。如果巴黎的無產羣衆，在恐怖時期，短時的獲取了統治權，使資產階

級革命轉向反對資產階級的本身，那末，在這上面，他們正表明，在那時的條件之下，這些羣衆是如何不能有鞏固的統治。無產階級還沒有從一般無產羣衆中分離出來。那時它還只是正在產生的階級的萌芽，它還不能作獨立的政治行動，它還表現出只是一種受苦的被壓迫的羣衆，由於它無力幫助自己，所以最多只能從外方從上層來幫助它。

這種歷史的情况也支配了這些社會主義的創造者。不成熟的理論，正和不成熟的資本主義生產狀態，不明朗的階級情况相適應。解决社會問題的方法，既然還在不發達的經濟關係之中隱藏着，所以他們就不能不從腦子裏造出這種方法來，社會所表現的只是不幸狀態；明達的理性之任務，卽在消除這種不幸狀態，應用宣傳方法，在可能的時候，更用模範的經驗的例子，從外方把這種制度推行到新社會中去。這樣的新社會制度，自然一開頭就不得不陷於空想，它們愈是被規定得詳盡細密，它們愈是墮於純粹的空想。

我們指出這一事實以後，我們就將不再繼續詳說，因爲問題的這一方面是已屬過去之事了。讓一些文學上的雜貨店主像煞有介事的去挑剔這些可笑的幻想，而以他們自己思想方式的謹愼，優勝於這種『狂亂』（指三大空想家——譯者）來自豪吧！而我們所極其喜悅的，却是能享用最初社會主義者天才思想的萌芽，這些思想在幻想的外殼之下，散佈於他們的著作之中，可是俗物却瞎着眼看不見這些。

聖西門可以說是法國大革命的產兒，當大革命爆發時，

他還未滿三十歲。這次革命，是第三等級即全國大多數的從事於生產和貿易的人們對於以前享有特權的遊惰等級（貴族和僧侶）之勝利。但第三等級的勝利，事實上乃是這個等級中一小部分人的勝利；這勝利祇使這個等級中享有社會特權的一部分人——富有的資產階級——奪取了政權。而且這種資產階級，在革命過程中，更加迅速的發展起來，一方面由於他們對當時被沒收和以後被拍賣的貴族和教會的地產，實行投機取利；他方面由於他們承辦軍用品，向國家敲竹槓。正是這種投機者的統治，使得法國與革命，在執政府時代陷於破產，並使拿破崙得以藉口來舉行他的政變。因此，在聖西門頭腦中，第三等級和特權等級中間的鬥爭就採取了『勞動者』和『遊惰者』中間鬥爭的形式。所謂『遊惰者』不僅指舊時特權等級的人們而言，舉凡不參加生產和貿易而依賴利息爲生的人都包括在內。所謂『勞動者』不僅指僱傭工人而言，而且廠主、商人、銀行家也算在裏面。『遊惰者』失去了精神領導和政治統治的能力——這是毫無疑義的，而且已經由革命確定的證明了。可是照聖西門的意見，恐怖時代的經驗，還證明貧窮人民也沒有這種能力。那麽究竟誰應該領導和統治呢？據聖西門的意見，担任這種責任的，應當是科學與工業，他們被新的宗教聯繫結合成爲必然神秘的和等級森嚴的『新基督教』，而這種『新基督教』，則應該恢復從『宗教改革』時代以來所被破壞的宗教思想的統一。可是科學，這就是科學家，而工業則首先是積極的資產者，廠主

商人銀行家。固然，這些資產者據聖西門意思應該成爲一種國家的官吏，成爲全社會所信任的人，但對於工人則他們還保持發號施令的與經濟上的特權的地位。至於銀行家，則他們是要以信用的調劑，來調劑整個社會的生產的。這樣的見解是完全適應於那一時代的，那時，在法國，大工業以及連帶而來的資產階級和無產階級間的對立，剛剛開始發展。但聖西門特別着重指出的乃是這點：即他無論何時何處首先關心於『人數最多兼最貧窮的階級』(La classe la plus nombre-useel la Pluspauver)的命運。

在其日內瓦書信中，聖西門已經提出這樣的原則，就是『一切人都應當勞動』；在同一著作中，他也已經指出，法國恐怖時代的統治，即是貧窮階級的統治。他告訴他們道：『你們試看，當你們的同志統治着法國的時候，法國發生甚麼事情：他們造成了飢餓！』他在一八〇二年就了解到法國革命，不僅是貴族和資產階級中間的階級鬥爭，這已經是天才的發見了。在一八一六年，他又聲明說，政治學是關於生產的科學，並預言政治學將要被經濟學所完全包括。如果在這上面認爲政治條件是政治機構的基礎底那種思想，還祗是表現於一種萌芽的形式，那末，下列的思想是已經明顯的指出來了。就是，統治人的政權，應當轉變爲對於事物的管理以及對於生產過程的指導，就是說，走向『國家的消除』，關於這點，最近是甚囂塵上的。他在一八一四年正當聯軍攻入巴黎以後不久，並在一八一五年當百日戰爭*的時候，又

以同樣的比他同時人更優越的見解，宣言說，法國和英國同盟以及此二國和德國同盟，是歐洲和平發展和繁榮的唯一保證。必須有極大的勇氣和歷史的遠見，才敢在一八一五年向法國人宣傳與滑鐵盧（Waterloo）的戰勝者建立同盟！

如果從聖西門那裏，我們可以找到一種眞正天才的眼光的遠大，凡以後社會主義的差不多一切的思想，除開嚴格的經濟思想以外，都可以在他那裏找到萌芽的話，那麼從傅立葉，我們就可以找到一種對於現存社會制度的深刻動人的批評，這種批評是帶着十足法國人的尖刻味道的。傅立葉抓住了資產階級的話，抓住了其革命前熱狂的預言家以及其革命後所收買的讚美者的話，他不客氣的暴露資產階級世界的物質的和精神的貧困；他拿這種貧困來和以前啓蒙學者的輝煌的約言相比較，因爲啓蒙學者曾預言了那種理性的王國和那種給予一切人以幸福的文明之來到，曾預言了人類達到無限美滿的能力。傅立葉揭破近代資產階級思想家的華美辭句的空虛，指出與他們的好聽辭句相適應的是如何可憐的實際。他盡情的嘲笑這種空洞辭句的不可救藥的破產。傅立葉不僅

※ 拿破崙第一的侵略戰爭，結果使拿破崙失敗。差不多一切歐洲國家，以資產階級的英國和農奴制度的俄國爲首，都組成一個聯盟來反對法國。一八一四年，巴黎被聯軍所佔，拿破崙不得不退位，一八一五年，拿破崙重新企圖了恢復自已政權並與聯軍進行了新的戰爭（百日戰爭），但又在滑鐵盧被戰敗，被聯軍所執，流放於聖漢倫島，而死於島上。——編輯部註

是批評家，因其輕快的本質，他還是一個諷刺家，而且甚至是自古以來最大的諷刺家之一。他用巧妙的同時令人發噱的辭句，描寫了革命低落時代法國整個商業中盛極一時的投機的欺騙行爲及小商販習氣。尤其成功的，是他對於資產階級社會中兩性關係和婦女社會地位之諷刺的詳述，他第一個宣言道：在每一社會中，婦女解放的程度，可以作爲一般的解放之尺度。但傅立葉最特出的地方，還在他的社會歷史觀。他分社會發展爲四個時期：蒙昧、野蠻、宗法和文明——他所謂文明，就是指現存的開始於十六世紀的資產階級社會：他就指明文明社會怎樣將野蠻時代所有的每一個簡單形式的罪惡，轉成複雜的雙重意義的兩面的虛僞的形式。他指出：文明社會是運行於一個不能克服的永遠復生的矛盾之『罪惡循環』中，而時常達到與它原來所誠意期望的或假意期望的相反的結果；例如他說，在『文明社會中，貧困就是富裕本身所產生出來的。』我們可以看見，傅立葉運用辯證法，是與他的同時人黑格爾同樣的靈巧，在當時曾有一個流行的理論，說人有進達美善的無限制的能力，傅立葉却與之相反，應用同樣的辯證法，指出每個歷史時代，各有其上升的和下降的時期，他並且在說到整個人類的將來時，更往前發揮了自己的觀點；像康德在自然科學發揮地球將來趨於毀滅的思想一樣，傅立葉也在其歷史觀中包涵了人類將來趨於毀滅的思想。

正當革命的風暴掃盪法國的時候，在英國也經過一次較

不喧囂的然而一樣強大的革命。蒸汽和機器，把手工業工場轉變爲近代的大工業，並因此使資產階級社會的整個基礎都發生了革命。手工工場時候的慢性的遲鈍的發展進程一變而爲生產的眞正狂飈突起的時期了。社會一天快似一天地分化爲大資本家和沒有財產的無產者；在這兩個階級中間，代替舊時的穩定的中層階級而出現的，是不穩定的手工業者和小商人的羣衆，他們過着非常動搖的生活，並形成爲全人口中最流動的部分。當時新的生產方式，還祇處在向上發展的最初階段，它還是正常的並在當時條件下唯一可能的生產方式；可是這種生產方式那時已經產生出明顯的社會的苦痛。在大城市的最惡劣的陋巷裏，廣聚了許多無家可歸的人民大衆，一切舊時遺傳下來的聯繫，社會的家庭生活，以至家庭本身，被破壞了，勞動時間可怕的延長，尤其是對於婦女和兒童，廣大工人羣衆，突然被轉移到一種完全新的生活條件下，從鄉村轉到城市，從農業轉到工業，從穩定的生活條件轉到每日變化的不可靠的生活條件，這樣使他們的道德遭受了破壞。

於是那時出現一個改革家——一個二十九歲廠主，這人具有孩子似的純潔的天眞爛熳的性質，同時又是一個世上所少有的天生的首領。他（歐文）領略了十八世紀唯物論者的學說，卽認爲，人的性質，一方面是遺傳機構的作用之產物，他方面是在人的一生特別是在其發展時期人的周圍的環境之產物。與歐文同階級的人們，大多數在產業革命中只看

到混沌和紛亂，便於他們用來渾水捉魚，迅速發財。可是歐文則在產業革命中看到實行他的得意理想以便在混亂中建立秩序的一個良機，他已經在曼撤斯特，在他當經理的一個五百工人的工廠中，作了試驗而且得了成效。從一八〇〇年至一八一九年，他以股東兼經理的資格，用同樣的精神來管理蘇格蘭新拉納克大紗廠；這一次他有更大的行動自由，得着更大的成效，使他的名譽很快的就傳遍歐洲。新拉納克的人逐漸增加到二千五百人，這中間包括極其複雜而且大部分是極其惡化的分子，可是歐文將這些人轉變成模範的新村，其中沒有了酗酒、警察、刑事法庭、審判、貧困救濟和私人慈善事業。

他之所以會達到自己目的，唯一的祇是因爲他使得能夠受到較合於人的地位之條件，特別是他注意了對於逐漸成長起來的一輩工人的敎育。在新拉納克，首先創立了幼稚園，這是歐文所想出來的。幼稚園接受二歲以上的兒童，他們在幼稚園中，這樣快樂地過着生活，使得他們父母簡直困難把他們領回家去。正當他的競爭者強迫工人每天勞動十三小時至十四小時的時候，歐文却在新拉納克工廠裏減少勞動時間至十小時半。當棉業恐慌發生時使工廠停止四個月工作的時候，工人還繼續支領全部工資。可是不管所有這些，工廠的產業的價值，還是增加到了一倍以上，而且一直到結束時爲止，總是經常派給各股東以優厚的利潤。

但這一切，都還不能使歐文滿意。他對他的工人所給的

生活，在他眼中看來，還遠不是合於人的地位的生活。他說道：『這些人是我的奴隸』，新拉納克工人的比較良好的生活條件，遠不能使人的性質和聰明完全地合理地發展起來，更說不上使人自由舒展其力量與才能了。『可是這二千五百人中勞動的一部分人替社會生產的眞實財富數量，等於半世紀前六十萬人所生產的數量。我自問：這二千五百人所消費的物品量和以前六十萬人所應消費的物品量間的差數，究竟往那裏去了呢？』答覆是明白的，這個差數，除了付股東的原來資本以百分之五的年利以外，還付給他們以三十萬金鎊的利潤。新拉納克已經是這樣，英國一切其他工廠更加是這樣了。『沒有這一種機器所造成的財富的新源泉，就不可能進行推翻拿破崙的戰爭，來恢復貴族的社會制度的原則。而這個新的力量，乃是工人階級所創造！』※這一力量的果實，因之也應該屬於工人階級。新的雄偉的生產力，以前只使少數人發財而群衆反受奴役；照歐文意見，以後應該變成改造社會的基礎，並且成爲一切人的公共的財產，來爲一切人謀共同的幸福。

這種純粹營業的觀點，也可以說就是商業計算的結果，產生了歐文的共產主義。這種共產主義，澈底保持了此類

※ 摘錄歐文寄給一八四八年法國臨時政府和歐洲紅色共和黨人共產主義者與社會主義者的『心上和實際上的革命』一書，這書同樣的寄給女皇維多利亞及其負責的顧問們。——恩格斯註

實際的性質。這樣，在一八二三年，歐文提出了以共產主義新村辦法來救濟愛爾蘭貧困的計劃，在這計劃上，他詳細地計算了建設的資本，常年的用費和大約的收入。在歐文關於將來社會的最後計劃中，他特別注意事業的技術的一方面，他製定了一切詳情附上預測的計劃圖樣與畫片。所有這些，都表示出他是如此的熟知其事，使得人們如果接受了他的改革社會計劃，那麼，在詳細的技術上，即使從專門家的眼光看來，也是很少有可以反對的地方的。

走向共產主義，是歐文生活上的一個轉變點。當他的活動是單純慈善事業的時候，他獲得了財富、讚揚、聲望與名譽。他是歐洲最有名望的人。不僅他的同階級的人，就是連國家要員與皇家親貴，也都點頭傾聽他的講話，但當他主張共產主義的時候，情況就卽刻改變了。照他的意見，有三個大的障礙，阻止社會改革，這就是：私有財產、宗教和現代的婚姻形式。他知道，一開始和這些障礙作鬥爭，他就將被逐出上流社會並失去社會地位；但這絕對不能絲毫減弱他對三個障礙的無情攻擊的力量。結果他所預料的事都發生了。他被逐出上流社會，輿論界對他封鎖，而且他的全部財產因在美洲的共產主義試驗的失敗而喪失了，他變成貧困，於是他直接求助於工人，在三十年中間積極地在工人中間進行活動。當時英國一切社會的運動以及英國工人階級所達到的一切眞實的進步，都是與歐文的名字相聯繫的，例如在一八一九年，由於他的五年的努力，通過了第一個限制工廠中女工

和童工勞動的法律。當全英國工會聯合，成爲一個總的大的職工會※之時，他是這個第一次大會的主席。他採取了一些辦法，作爲向着完全共產主義社會制度去的過渡辦法，他在一方面組織了合作社（消費的、生產的），這些合作社往後至少在實際上證明，社會上沒有商人和廠主，是可以存在下去的，在另一方面他組織了勞動商場，在這商場上，物品交換，不用金錢作媒介，而祇用『勞動券』作媒介，這券的單位是一小時的勞動。這樣的商場，是必然要失敗的，但它却完全是後來蒲魯東的交換銀行※※的先驅者，其不同處，在

※ 在一八三三年十月，歐文在英國工會代表會議上當主席，在這會議上通過了將英國工會組織爲全國聯合的決定。產生於一八三四年的全國職工會大聯合，是在全國範圍內建立英國職工聯合組織的最初嘗試。在一八三四年末，這一組織，停止了自己的存在。—— 編輯部註

※※ 普魯東（一八〇九——一八六五年）是法國小資產階級的烏託邦主義者與無政府主義的始祖，他認爲在當時往前發展的資本主義下，解脫一切痛苦的方法，不是在於往前走向社會主義的運動，不是在於無產階級爲着社會主義制度而進行的階級鬥爭，而是在於倒退到小財主的獨立生產者的制度上去，這種制度，要以小的私有財產爲基礎，並且不要有僱傭勞動剝削，他的交換銀行，就應當爲此而工作。根據普魯東的方案，這一銀行，應當按照小『生產者』在其生產品上所化費的勞動來實行他的生產品的交換（『勞動換勞動』）並且用這方法，使他們的小生產與小私有財產能够免除破壞、貧困與毀滅。關於工人，那麼要把他們從資本主義剝削下解放出來，也同樣要依靠交換銀行，這一銀行，也要把他們轉變爲獨立的小生產者。—— 編輯部註

於歐文並不認爲他的交換銀行是醫治一切社會惡病的萬應良藥，而只是把它作爲走向更急進的整個社會改造的最初步驟之一罷了。

烏托邦主義者的世界觀，在長時期內，曾支配了十九世紀的社會主義思想，而且直到現在也還有一部分受其支配。一切法國的和英國的社會主義者，以及舊時的德國共產主義者，連魏特林在內，在不久以前，都還保留這種思想。在這些人們看來，社會主義，是絕對的眞理，是理性與正義的表現，只要有人將它發現出來，他就能夠以自身的力量，去征服全世界。而且因爲絕對的眞理，是沒有時間性和空間性，並與人類的歷史的發展沒有關係的，所以它在何時何地被發現，是完全偶然的事。絕對的眞理、理性與正義，在各學派的創始者看來，是不同的。這是因爲每一學派的某種絕對眞理、理性和正義是被該創造者的主觀認識、生活條件、知識程度及思想方法所決定的，所以爲着調和各種形式的絕對眞理之間的衝突，就祇能將他們相互間的矛盾地方磨去。可是，從這上面我們只能得到一個特種折衷的中庸的社會主義，這種社會主義，事實上，直到今日還支配着英法兩國大多數的社會主義勞動者的頭腦。折衷的社會主義，簡直是一種龐雜的混合品，包含最爲大家所承認的批判的論調、經濟的原理以及各學派始創者對於未來社會的描畫——這種混合品的組成部分，在辯論潮流中，像石塊在河中一樣，愈加迅速的磨光其鋒稜尖角，那麼這種混合品的造成，也就愈加容

易。爲着要使社會主義變成科學，就首先必須使社會主義立足於眞實的基礎之上。

II

這時與十八世紀法國哲學相並立且繼之而起的，有新的德意志哲學，它到黑格爾，達到登峯造極的地步。它的最大功績，在於恢復辯證法，把它作爲最高的思維形式。古代希臘的哲學家，都是天生的辯證論者，他們中間最淵博的學者——亞里斯多德——已經研究了辯證法思維的最基本的形式，在近代哲學中，雖然也有卓越的辯證法的代表（例如笛卡兒及斯賓諾莎），可是這種辯證法更厲害地拘束於形而上學的思維方法——特別是因爲英國的影響——此種思維方法，差不多完全統治了十八世紀的法國人，至少是在他們專門的哲學著作上。可是，在專門哲學領域之外，他們也能作些辯證法的妙語；我們祇要指出狄台羅的『臘摩之姪』及盧騷的『人間不平等的原因論』就夠了。在這裏，我們簡短地指出兩種思維方法的要點。

如果我們留意的考察自然、人類歷史或我們自己的精神活動，那麽我們首先見到種種聯繫及交互作用之無限錯綜的畫圖，在這中間，沒有任何東西，保持它原來的性質、場所及狀態，萬物皆動皆變，皆生皆滅。所以我們首先看到一般的圖畫，在這圖畫中各個個別部分多少是被隱掩着，我們對

於運動進程、轉變與連繫的注意，比較對於發生運動、轉變與連繫的是些什麼東西底這一點的注意，來得更大。這個原始的、素樸的但實質上是正確的宇宙觀，正是古代希臘哲學的宇宙觀，它最初由海拉克立特（Heraklit）明白地發表出來：萬物存在着，同時又不存在着，因爲萬物皆在流動，萬物皆在永恆的變更中，皆在不斷產生與消滅的過程中。這種見解，無論怎樣正確地抓住了現象的整個的圖畫的一般性質，可是要解釋整個現象所由構成的個別部分，則它實是不夠的；但若我們不能知道這些，那麼整個現象，也是不能明白的。爲認識這些個別部分起見；我們應該把他們從自然或歷史的聯繫中抽取出來，加以分別的研究，考察每部分的特性及特殊因果關係等等，這首先是自然科學及歷史研究的迫切的任務——這些科學部門，因着極顯著的理由，在古典時代希臘人的研究中，祇佔着次要的地位，因爲他們首先不得不搜集必要的材料。祇有當自然種學與歷史的材料充分地被搜集之後，方才能夠加以批判的分析與比較，並分成各個等級、各個種類與各個形式。自然界的精密研究之方法，以後祇在亞歷山大時代，※ 才由希臘人開始發展，再後在中世紀時，更進一步爲阿拉伯人所發展；可是眞正的自然科學，

※ 科學發展的亞歷山大時代，是指紀元前三世紀到紀元後三世紀之間的時代，這一時代，是因當時埃及的亞歷山大港（地中海海岸的港口）而命名的，這海港那時是國際經濟關係的最大中心之一。在這時代，精密科學自然科學如數學、地理、天文學、解剖學、生理學等，得到了頗大的發展。

祇是從十五世紀後半期開始，從這時候起，它以更大的速度往前直進。自然界中個別部分的分析，各種自然現象和自然物品之分成一定門類，有機體內部的各種部分的解剖的研究——所有這些，都是最近四世紀來對於自然科學知識的偉大進步之基本條件。可是這種研究，同時也傳給我們以一種習慣，把自然物及自然現象，各別觀察，把它們置於一般的大聯繫之外——不是從運動狀態中去觀察，而是從靜止狀態中去觀察；不是被看作本質上變化的事物，而是被看作永恆不變的事物；不是被看作活的，而是被看作死的。以後培根與洛克就把這種見解，從自然科學移植到哲學的領域上，這樣的對於事物的見解，造成了數世紀來特殊的狹隘觀點——形而上學的思維方法。

在形而上學者看來，事物及其在人腦中的反映卽概念，是孤立的、不變的、固定的、永久如此的對象；它們應當各別的，前後不相聯地被研究。形而上學者在絕對不能相容的對立中思維着，他的話卽是：是——是，否——否；除此以外，卽是鬼話。在他看來，任何事物，或是存在，或是不存在；同樣的某一事物，不能同時等於自己又等於其他事物。正面與反面，絕對是互相排除的；同樣的，在原因與結果之間，也存在着完全的對立。我們初初一看，這種思維方法，是很合理的，因爲它正是人的常識所習用的。可是，人的常識，在家庭四壁之內的生活範圍中，雖是極可尊敬的伴侶，但一踏上廣大的研究的世界時，它就立刻經閱最可驚的變

故；無論在某一多少寬廣的領域中（寬廣程度，要看研究對象的性質），形而上學的思維方法，是如何的合用甚至必要，可是遲早，它總要遇着一定的界限，在這界限之外，它就變成偏面的、狹隘的抽象的、思維方法，而陷於不能解決的矛盾之中。因爲它祇顧到個別的事物，而不見它們的聯繫；祇顧到它們的存在，而不見它們的產生與滅亡；祇顧到靜止狀態，而不見它們的運動：一言以蔽之，祇顧到個別樹木，而不見森林。例如，在日常生活中，我們知道，而且可以確定地說：某種動物，是否存在；可是在精密的研究之時，我們看到，這個問題是極端複雜的；大凡律師都是熟知這種困難的，他們想發見胎兒在母親子宮內究竟超出何種合理的界限之時才算是被謀害，可是結果毫無。同樣的，死的時間，也是不能確定的，因爲生理學證明，死並不是一種突然的倏忽完成的事，而是很遲緩的一種過程。同樣的，每一有機體，在某一瞬間，既是這個，又是別個，在每一瞬間，它總是消化着那些自外間攝取來的物質，而排泄他種物質；在每一瞬間，它身體的某些細胞死亡，而別一些新的細胞，則又產生；在經過較長的時間後，這個身體的物質，完全變成新的，而爲別個原子構造所代替，因之每一有機體，常常是自己，同時又是別個。更次，在更精密地觀察之時，我們可以看到，某種對立的兩極，例如正面與反面，既相對立，同時又是一樣的不能相互分裂，而且無論怎樣對立，它們還是互相浸潤；同樣的，原因與結果，祇是一種概念，它們本

身祇在應用於個別的場合時，才有意義；可是我們如果從其對於整個世界的總聯繫上來研究這些個別的場合，那麼這些概念，就溶化爲普遍的交互作用的概念，在這中間，原因與結果，互相交替，所以現在或此地是結果的，在別一地方，在別一時候，就是原因了；反過來看，也是如此。

一切這樣的過程，這樣的思維方法，是不能裝入於形而上學的框子內的。反之，辯證法對一切事物及其在思想上的反映，基本上是從它們的聯繫上、錯綜上、運動上、生滅過程上去理解的，所以在辯證法看來，上述的現象，正是證實辯證法。自然成爲辯證法的證據，而近代自然科學對於這個證據正供給了極豐富的而且日益增加的資料；它證明，在自然界中，一切事物的進行，終究是遵循着辯證法，而不是遵循着形而上學的見解，證明自然界不是在永久單調的經常重複的循環中運行着，而是經歷着眞正的歷史。這上面首先應當指出達爾文，他給了形而上學的自然觀以最有力的打擊，證明出整個近代的有機界，植物動物以及人類，都是幾百萬年來發展過程的結果。可是因爲直到現在，能夠用辯證法去思維的自然科學家，還是屈指可數，所以科學的成果與上述形而上學的思維方法間的矛盾，就引起了現在統治於理論自然科學上的無限的混亂，而使教員、學生、作者、讀者，都同樣地陷於絕望的地步。

所以關於整個宇宙，它的發展與人類的發展以及這種發展在人的頭腦中的反映，關於這些，如要得到精確的觀念，

那麼，就一定要用辯證法去思維，一定要經常顧到產生與消滅、進步的變化與退步的變化之間的一般的交互作用。新的德意志哲學，正是在這個觀點上發生出來的。康德的科學生涯的開始，就是打破牛頓所主張的太陽系自從有名的初次衝擊以來便固定不變而且永久存續之學說，而把太陽系當作一個歷史的過程，他（康德）說明太陽及其他行星，是由迴轉的雲霧形成的。在這上面，他已經作出這樣的結論，卽太陽系的產生，指出太陽系在將來也要進入不可避免的毁滅。半世紀以後，他的學說，得到拉怕拉斯的數學上的證明，再過半世紀後，多光鏡更證明了在宇宙的空間，尙存在着種種濃度不同灼熱的氣體。

這個新的德意志哲學，完成於黑格爾的體系中，黑格爾的最大功績是在於他把整個自然的、歷史的及精神的世界，都看作一種過程——卽永恆的運動、變化、改造及發展的過程；它企圖發見這些運動與發展中的內在的相互聯繫。從這個觀點上看來，人類的歷史，已經是不再是無意義的暴力底紛亂糾纏了（這種暴力，在當時已經成熟了的哲學理性的法庭之前，是一概應受申斥的，是愈早能忘却愈好的）。相反的歷史成了人類本身發展的過程，現在思想家的任務，卽在於從一切迷亂中，追蹤這一過程的依次發展的階段，並在一切表面的偶然性中證明出過程的內在的規律性。

黑格爾沒有解決這個任務，這在此地是沒有關係的。他的歷史的功績，卽在於他提出了這個任務；而解決這樣的任

務，則一個人是永不能夠的。雖然黑格爾和聖西門一起，是當時最淵博的學者，可是無論如何，他總是有限的；第一，他受自己智識的不可避免的限制；第二，他為他的時代底知識與見解的範圍與深度所限制。此外，還有第三個原因。黑格爾是唯心論者；就是說，在他看來，他自己的觀念，不是已存事物與現象的多少抽象的反映，而是，相反的，在他看來，事物及其發展，祇是『理念』※所表現的形象，此種『理念』在世界成立以前，是已經在什麼地方存在的了。這樣，在他學說中一切都被顛倒過來，世界現象的眞實聯繫，完全被倒置了。所以黑格爾雖然對於某些個別現象的相互聯繫，作了不少正確的天才的結論，但因上述的原因，所以甚至在他的體系的詳盡部分中，也有許多是補綴的、文飾的、虛構的——一言以蔽之，是錯誤的。黑格爾的體系，在其體系上看來，是一種巨大的小產，可是也是這樣小產的最後的一個。此外，它還包含不能解決的內在矛盾；一方面，黑格爾體系的基本前提，是其歷史觀點，認為人類歷史，是一種發展的過程，這一過程，根據它的本性，是不能在人的知識上，被所謂絕對眞理的發現所完成的；但在他方面，黑格爾的體系，又妄想自己就是這樣的絕對眞理的總結。包羅萬

※『絕對理念』——黑格爾哲學中，『絕對理念』的這一名詞，隱藏着神的觀念，這種概念，掩蓋着『對於造物者的信仰的殘餘』。——編輯部註

有的永此完成的認識自然及認識歷史的體系，是和辯證法思維的基本法則相矛盾的；不過這種情形，並不排斥而是認可這個見解，卽：整個外部世界的有系統的認識，可以逐代地得到更偉大的進步。

瞭解了歷來統治於德意志的唯心論是完全錯誤的以後，就必然歸趨於唯物論，但是記住，這決不是歸趨於單純形而上學的完全機械的十八世紀唯物論。舊唯物有，素樸革命地簡單地否認了全部以前的歷史；近代唯物論，與之相反，它把歷史看作人類發展的過程，而以它的運動法則的發見，作爲自己的任務。十八世紀法國人以至黑格爾都以爲自然界是一個不變的，運行於有限的循環中之統一體，有永恆的天體（如牛頓所說的），有不變的有機體的形態（如林耐Linne所說的）——近代的唯物論，則與這個觀點相反，綜合了自然科學的最新的進步，根據這些進步來說，自然界也有它自已的時間上的歷史；各種天體、也和那些在適當條件下成長於各天體上的各種有機物一樣，同是有生有死的；而宇宙的循環運動，如果我們可以想像得到的話，那麼是採取無限偉大的規模的。在這兩個場合上，近代唯物論，在本質上說來都是辯證法的，而再不需要任何站在他種科學之上的哲學。既然要求了每種專門的科學，都須闡明它自己在世界事物以及對於這些事物認識的總體系中之地位，那麼關於它們的總的聯繫之任何特殊科學，就變成不必要的了。這樣，以前的哲學，祇留下了一部分，保持獨立的意義，這一

部分祇是關於思維及其法則的學說——形式邏輯及辯證法。其他一切，都歸屬於自然及歷史的實證科學中了。

如果自然科學宇宙觀上的這種變革，祇在科學研究獲得了確當的實證的知識之後，纔能按步完成的話，那麼在歷史觀上，在很早以前，已由許多顯著的歷史事實，引起了它的堅決的轉變。一八三一年在里昂發生第一次工人的暴動，※在一八三八——一八四二年間，第一次全國的勞動運動，英國的憲章運動，※※達到了它的頂點。在歐洲最先進的國家裏，一方面隨着大工業發展的程度，他方面隨着資產階級發展其不久以前所獲得的政治統治權之程度，無產階級與資

※　一八三一年里昂工人要求規定最低限度工資，實行罷工與示威，在示威時遭受槍殺，於是工人遂舉行暴動。暴動的工人在全城市建立起障礙物，在幾天內，掌握了城市，祇在政府派常備軍幫助里昂資產階級之時，暴動才被鎮壓下去。——編輯部註

※※　英國的憲章運動（Chartist morement）發生於十九世紀的三十——四十年代，包括了英國工人階級的極大多數，而成爲無產階級的第一個獨立的政治運動。在這一點上，像馬克思恩格斯與列寧所指出的，正表示這一運動的巨大歷史意義。運動之所以名爲『憲章』者，是因爲工人在一八三九年向國會致送了憲章，提出了他們的基本要求：(一)二十一歲以上的男子都有普選權；(二)每年改選國會；(三)國會議員都應領薪俸；(四)選舉議員時舉行祕書投票；(五)平均的選舉區；(六)取消國會議員候選人的財產條件。英國的工人階級，在好幾年內，用着罷工示威遊行與武裝行動，來爲這些要求而鬥爭。——編輯部註

產階級間的階級鬥爭，開始佔取這些國家的歷史的首位。資產階級經濟學家的學說，說資本與勞動的利益，是一致的；說自由競爭的結果，會形成人民總的協調與總的福利，這種學說的欺騙性質，已經日益顯著地爲事實所證明了。所有這些事實，現在都不能被置之不顧了；同樣的，關於這些事實的極不完全的理論表現，法國英國的社會主義，現在也不能被視若無覩了。但是舊的尚未完全消滅的唯心史觀，是不知道任何依據於物質利益之上的階級鬥爭，而且是一般的不承認任何物質利益的：在它看來，生產以及一切經濟關係祇是『文化史』上附帶提及的次要因素。新的事實使人們對於全部以前的歷史，不能不作一番新的研究；於是就發見了，全部歷史，除原始社會之外，都是階級鬥爭的歷史，這些互相鬥爭的社會的階級，總是一定的生產及交換關係的產物，一言以蔽之，就是它的時代的經濟關係之產物，因之某一時代的社會經濟結構，就形成了眞正的基礎，而各該歷史時代的法律、政治制度、宗教、哲學及其他觀念等等的上層建築，歸根到底，均應由這個基礎來說明。黑格爾使歷史觀從形而上學下面解放出來，他使歷史觀變成了辯證法的，可是他自己對於歷史觀的觀点還是唯心論的。現在呢，唯心論就從它的最後隱蔽所，從歷史科學中，被驅逐出來了；現在歷史觀成爲唯物的了，現在發現了新的方法，用人們的存在去解釋他們的意識，而不是像以前那樣，用人們的意識，去解釋他們的存在。

所以社會主義現在已經不被看作是這個或那個天才者靈智的偶然發現，而被看作是兩個歷史發展的階級（無產階級與資產階級）實行鬥爭的必然結果；社會主義的任務已經不是在於構思一種愈完善愈美好的社會制度，而是在於考察那種必然地產生上述階級及其相互鬥爭的歷史經濟過程，並在這一過程所造成的經濟情况中，找出解決這一鬥爭的手段。可是舊的社會主義，不能和這種唯物史觀相容，正好像法國唯物論的自然觀，不能和辯證法及近代自然科學相容一樣。舊的社會主義，雖然也批判了現存的資本主義生產方式及其結果，但總不能把它說明，因之也就不能加以克服；舊的社會主義祇是簡單的把它看作惡事，而加以否認；舊的社會主義，對於資本主義生產方式所必然包含的剝削工人階級的這一點，非常厲害地加以攻擊，可是，它對於這種剝削內容如何、由何產生的這一點，却很少能夠加以明白的解釋。但事情却是在於，一方面要說明這個資本主義生產方式產生的必然性以及這一生產方式與一定歷史時代的歷史聯繫，因此，也說明這種生產方式的毀滅的必然性；他方面，要暴露這一生產方式的內部直到那時尙未被發見的性質。這一任務，因剩餘價值律的發見而被解決了。它證明了，無償勞動的佔有，是資本主義生產方式及其對於工人的剝削之基礎。資本家即使按照勞動力的全部價值（勞動力既是商品，所以在市場上，也有它的價值），來購買工人的勞働力，他也總是從工人榨取着比他所付之數更多的價值；這種剩餘價值，結

局就集成巨量價值，而成爲有產階級手中所積累着的日益增加的巨量資本。資本主義生產方式的來源以及資本本身的生產，因此得到說明了。

這兩種偉大的發見——唯物史觀及揭破資本主義生產秘密的剩餘價值論——我們是應該歸功於馬克思的。因着這些發見，社會主義現在變成了科學，現在祇要把它的細目及聯繫更進一步發展就夠了。

III

唯物史觀，從下述的原則出發，即：生產及生產之後的產物交換，是一切社會制度的基礎，在每個歷史的社會形態中，生產品的分配以及與之相伴的社會階級或等級的劃分，是依靠如何生產，生產之後如何交換的情形來決定的。根據這個觀點，一切社會變革及政治革命的基本原因，不應該求之於人的頭腦之中，也不是在於人們對於永恆眞理及正義的往前增長的了解，而應該求之於生產方式及交換方式的變更；換句話說，這些原因，不應求之於哲學，而應求之於各該時代的經濟。人們逐漸的覺悟到，現存的社會制度是不合理的、不公平的；以前曾是合理的，現在變爲荒謬的；以前的好事，現在變爲惡事——這種覺悟祇是一種表徵，指示出在現在生產方式及交換形式之中，已經暗地裏發生這樣的變更，使適應着以前經濟條件的社會制度，已經不能與這些變

更相適應了。從上述的情形中，可以明白看到，就是：消滅這些已經造成的社會禍害之手段，也應該以或多或少的發展的形式，具備於變更着的生產條件的本身之中。這些手段，决不能『從頭腦中』被發明出來，而應該以頭腦之助，從現有的物質事實中去發現出來。

根據上述的見解，我們對於近代社會主義，應當怎麼說呢？

現在一般的都承認，現存的社會制度，是由現在的統治階級——資產階級——創立的。資產階級所特有的生產方式——從馬克思以來稱爲資本主義生產方式——是和封建制度的地方特權、等級特權以及人身的束縛，不能並容的；資產階級破壞了封建制度，而在它的廢墟上建立了資產階級制度，建立了自由競爭、自由來往、商品所有者平權等等的王國，一言以蔽之，建立了具備一切資產階級妙事的王國來。資本主義方式，現在可以自由發展了。自從以前的手工工廠因蒸汽機及機器的發明而轉成大工業之後，在資產階級統治之下所形成的生產力，以向所未見的速度與從所來未有的範圍，往前發展，好像手工工廠及其影響之下所改進的手工業，在當時與封建的行會桎梏發生衝突一樣，大工業在其更高發展的階段上，也就不得不與資本主義生產方式所壓榨着的範圍，發生衝突。現在新的生產力，已經超越了資產階級的剝削方式。這種生產力與生產方式間的衝突，不是像人的原始罪惡與神的正義之間的衝突那樣，祇是存在於人們的頭

腦之中，它（指生產力與生產方式間的衝突）客觀地，在我們之外，不管造成它的人們本身的意志和希望如何，總是存在於現實的事實之中。近代社會主義，正是這種事實的矛盾在思想上的反映，正是它在頭腦中的觀念的反映，首先是它在直接受苦的工人階級頭腦中的反映。

這種矛盾，究竟在什麼地方呢？

在資本主義生產未出現之前，即在中世紀，到處存在了以生產者私有生產手段爲基礎的小生產——在農村中是自由的或農奴的小農經營，在城市中是手工業。勞動手段——土地、農業工具、作場、手工器具——祇是單獨個人的勞動手段，祇備個人應用，所以不得不帶着碎小、粗陋、狹隘的性質。也正是因爲如此，所以它們爲生產者自身所有。把這些分散的碎小的生產手段，集中起來，擴大起來，使之轉爲近代生產的强有力的源泉——這就是資本主義生產方式及其代表（資產階級）底歷史作用。它（資產階級）在歷史上，自十五世紀起怎樣經過三個發展階段——簡單協力、手工工廠及大工業——來完成這個作用——這些已由馬克思在『資本論』第四編上作了詳盡的敍述（見馬克思『資本論』第一卷，第四編，第十一、十二、十三等章。）像那裏所說明的，資產階級如要把這些有限的生產手段轉爲强大的近代的生產力，那麼他們祇有把他們從單獨個人的生產手段，轉成祇有多數人整個集合才能運用的社會的生產手段。紡紗機、織布機、機器鎚等，代替了手紡車、手織機及手用錘；需要

數百數千人共同勞動的工廠，代替了個人的作場。和生產手段一樣，生產本身，也從個人分散行動的系列，轉成社會行爲的系列。生產品也從個人的生產品，轉爲社會的生產品。現在工廠所出產的紗、布、金屬品等等，是許多工人的共同產品，這些產品，在完成之前，先要順次經過他們許多人的手。沒有一個工人能夠說：這是我做的，這是我的產品。

在那樣的社會內，即自然生長的，沒有任何計劃而逐漸發展的，分工成爲主要生產形式的社會內，生產品必然採取商品的形式，商品的相互交換、買賣，使個別的生產者得能滿足各種不同的需要。在中世紀，情形就是如此。例如，農民把農業品賣給手工業者，而從他那裏買得手工業品。在這樣個別商品生產者的社會中，萌發起一種新的生產方式。這一生產方式，在統治於全社會的自然生長的沒有任何計劃而形成起來的分工形式中，產生了一種在個別工廠中，按照計劃來組織的新的分工形式，在個人的生產之外，出現了社會的生產。兩者的產品，均在同一市場上發售，就是說價格大約相等。但是有計劃的組織，當然比較自然形成的分工，要有力些，社會的工廠的勞動之產物，當然比較散漫的小生產者的生產物，要便宜些。個人的生產，一一遭受失敗，社會化的生產，終於變革了全部以前的生產方式。但是它的這種革命性質，很少爲人所認識，因之人們甚至相反的把這種新的生產方式，用來加緊和改進以前的商品生產。這種新的生產方式和一定的先它存在的生產因素及商品的交換因素，直

接相聯而產生，卽和商業資本、手工業、雇傭勞動直接相聯而產生。因爲它是以一種新的商品生產形式來出現，所以商品生產所固有的佔有形式，也對它保持它的全部的效力。

在中世紀所有的商品生產形式之下，勞動產品應屬於誰的問題，甚至不會發生起來。個別的生產者，通常用自己所有的常由自己生產的原料，用自己的工具，用自己或自己家庭的勞動，來製造產品。他可以不必特地去佔有這些產品，因爲這些產品是自然地屬於他的。這樣，生產品的所有權，就是根據在自己的勞動之上。卽使某些地方，有了別人勞動對於生產的協助，但他還是操着次要的作用，而且這種協助的人，除工資以外，還獲得別種報酬；手工業的學徒及傭工，不僅是爲着工資及伙食去勞動，他們主要的還是爲着學習手藝，爲着獲得獨立師匠的名義去勞動。可是以後，生產手段，開始集中於大的作場及手工工廠，它們開始轉爲事實上的社會的生產手段。但這些社會的生產手段與產品，還是繼續與以前一樣，被人看作是個人的生產手段與產品。以前，生產手段所有者，通常總是佔有自己勞動的產品，而別人勞動的參預，祇是一種例外，現在生產手段所有者，還是繼續佔有生產品，可是生產品已經不是爲他自己的勞動所生產，而是完全爲他人的勞動所生產的了。因之，社會勞動的產品，不是爲那些眞正運用生產手段製造產品的人們所佔有，而是爲資本家所佔有。生產手段及生產，在自己實質上，已經變爲社會的了，但是它們所服從的佔有形式，却還

是以前那樣的以個別生產者的私有生產爲前提，由每人擁有自己產品並出賣給市場的那個時候的佔有形式。雖然新的生產方式，毀壞了這種佔有形式的前提，可是它還是服從於這種佔有形式之下。※

新的生產方式的資本主義性質，所給與這種生產方式的矛盾，在其萌芽之時，已經把近代社會的一切衝突，包含於自身之內了。當新的生產方式，在有決定意義的一切生產部門上，在經濟上居主要地位的一切國家內，愈加佔着統治地位，因之，也就愈加把個人生產的殘餘排除下去之時——那時社會化的生產與資本主義佔有之不能並存的性質，也就愈加明顯地表露出來了。

像上面所說的，最初的資本家，已經擁有現成的僱傭勞動的形式。但那時僱傭勞動還是一種例外，一種副業，一種對於工人的過渡情況。不時出去作短工的農人，自己有着小

※　在這地上很顯然的就是：佔有的形態，雖然還是原來那樣，可是佔有的性質在上述過程之下所受到的影響，也不較生產的性質所受的爲小。我佔有自己勞動的產品，抑是佔有別人勞動的產品——這自然是兩種不同的佔有形式。此地可附帶說及的，就是，僱傭勞動制，包含着全部資本主義生產方式的萌芽，可是，僱傭勞動，是很古就存在的。在偶發的分散的形式之下，僱傭勞動曾經在好幾世紀內，與奴隸制度相並存，但是祇在必需的歷史前提已被造成之時，這一萌芽，方能發展爲資本主義生產方式。——恩格斯註

塊土地，這土地的產物，至少能夠供給生活。行會的規律，顧慮着現在的傭工以後可以成爲師匠，可是當生產手段帶上社會的性質而集中於資本家手中之時，一切都變更了。個人小生產者的生產手段及產物，便更多地喪失價値，小生產者結果祇得被傭於資本家。以前曾是例外或副業的傭傭勞動，現在變成了整個生產的通例及基本形式；它往昔是種副業，現在已經變成工人的專門職業了。短時的傭傭勞動者，轉成了終身的傭傭勞動者。此外，由於同時所發生的封建制度的崩毀，封建諸侯衞隊的解散，農民從小塊土地上的被逐等等，終身勞動者的數量，絕大地增加起來。生產手段與生產者，發生了完全的分裂，生產手段集中於資本家的手中，而生產者則除勞動力以外別無任何財產，社會化生產與資本主義佔有間的矛盾，表現於無產階級與資產階級的對立之上。

我們已經看到，資本主義生產方式，萌發於個別商品生產者所組成的社會內，這些生產者，是用交換他們的產品的方法來發生聯繫的。但是每個根據於商品生產之上的社會，都有這樣的特點，就是：在它內面，生產者喪失了統御自己社會關係的權力。每個人用其偶然所能支配的生產手段，爲自己而生產，並用來滿足自己特殊的交換的需要。誰也不知道，他所生產的那種產品，要有多少數量供給於市上，不知道他能夠找到多少數量的消費者；誰也不知道，他的個人產品，究竟是否爲人所需要，不知道他是否能夠抵償成本，不知道，一般的是否能夠賣去他的產品。在社會的生產中，就

治着無政府狀態。可是商品生產，和任何其他生產方式一樣，有它自己的、它所特有的、不能與它分裂的一些原則，這些原則，不管無政府狀態如何，還是在無政府狀態之中，經過無政府狀態而表現出來。它們(法則)表現於唯一保留下來的社會聯繫之中，即表現於交換之中，而以強制的競爭法則之姿態，對生產者發生作用。在開始時候，這些生產者，並不知道這些法則，後來他們經過長期的經驗，才逐漸把它們發見。因之，它們（法則）是不經生產者的參加，而且違反生產者的意志而運行的。這些法則，是他們（生產者）生產形態的盲目進行的自然法則。生產物支配着生產者。

在中世紀的社會內，特別是在最初幾百年，生產主要的是以滿足自己需要爲目的的。它首先是爲滿足自己及其家庭的需要，在那些統治着人身隸屬關係的地方，例如在農業上，一部分生產還用來滿足封建主的需要。在這時候，沒有何種交換，所以產品也沒有帶着商品的性質。農民的家庭，差不多生產了全部他們所需用的物品：工具、衣服以及食品等等。祇在除了他自己的需要以及必須繳納於封建主的年貢以外還有剩餘時，農民家庭才算生產了商品。這種進入於社會交換中的預定出賣的剩餘產品，就成了商品。城市的手工業者，自然一開始就應當爲交換而生產。可是就是他們，也生產大部分他們自己所需要的東西：他們有菜園及小塊土地，他們在公共的林地上放養自己的牲畜，從這森林中，他們獲得建築的材料及燃料，婦女紡織麻與羊毛等等。以交換

爲目的之生產，商品生產，還祇產生。因此，交換極少發展，市場有限，生產方式是穩定的，本地對於外方是隔離的，當地的內部是緊密團結的；在鄉村中有馬克（Mark，德意志的鄉村公社），在城市中有行會。

但是，因商品生產的擴張，特別是因資本主義生產方式的出現，以前潛伏着的商品生產的法則，就更明顯地，在更有力的形式之下，表現出來了。以前的團結崩毀了，以前封鎖的壁壘破壞了：生產者更甚地轉爲割裂的個別的商品生產者。社會生產的無政府狀態，明白的表現出來，而且採取了更擴大的範圍。可是資本主義在社會生產中用來加重這種無政府狀態的主要工具，却是無政府狀態的反面，即在每一個別生產企業中的社會組織化的加強。因這一力量之助，資本主義生產方式，結束了舊時社會關係的和平的穩定的狀態，這一生產方式，侵入產業的每一部門，而把舊的生產的法子，驅逐出來。它駕御了手工業後，就毀滅了手工業。勞動場地，一變而爲戰場。偉大的地理上的發見※以及其後殖民地的樹立，幾倍的擴大了商品的銷場，促進了由手工業進於手工工廠的轉變。鬥爭不限於個別的地方生產者之中：地方的鬥爭，發展爲民族間的鬥爭，爲十七世紀及十八世紀的商

※　偉大的地理發現，是在十五世紀下半期十六世紀上半期，其中最重要的是一四九二年哥倫布之發見美洲與一四九八年葡萄牙人佛斯哥、達加馬之發見通印度的道路。——編輯部註

業戰爭。※ 最後，大工業以及世界市場的產生，使鬥爭成爲普遍化的鬥爭，同時使它採取了空前未有的劇烈性。不僅各個資本家的，而且整個生產部門的，甚至整個國家的生存問題，都由是否擁有自然的或人工造成的生產有利條件來決定。敗者無情地被人排除，這正是達爾文式的爭取自身生存的鬥爭。※※這一鬥爭，從自然界移於社會，而且更爲劇烈了。在我們目前，動物的自然狀態，變成人類發展的焦點。社會化生產與資本家佔有二者之間的矛盾，表現成爲個別工廠中生產組織化與全社會中生產無政府狀態中間的對立。

因爲資本主義的起源如此，所以此種矛盾，也就成爲它的固有物，資本主義生產方式就沒有出路地運行於上述矛盾的這兩種表現形式之中，它不能脫離『罪惡的循環』，這在

※ 十七十八世紀的商業戰爭，發生於葡萄牙、西班牙、荷蘭、法國與英國之間，它們所爭奪的，是對於印度與美洲的貿易以及對於它們的殖民地的剝削，在這些戰爭中，勝利者是英國，英國到十八世紀末，支配了全世界的貿易。——編輯部註

※※ 根據達爾文學說，一切物種的發展，是因爲：（一）它們在爭取生存的鬥爭中有獲取新的特質以適應周圍環境的能力；（二）有遺傳性，就是新得的特質，能够遺傳給後代；（三）在生存鬥爭中，優勝劣敗，物競天擇。恩格思說：『達爾文沒有懂到，他對於人類，特別對於他的國人，是寫了如何苦味的諷刺，因爲他證明，自由競爭、生存鬥爭（『經濟學者』所稱頌爲偉大的歷史勝利的）是動物界的通常狀態。——編輯部註

以前是已爲傅立葉所發見了。自然，在傅立葉時代還不能指出，這種循環，要逐漸縮緊起來；生產的運動要成爲螺旋形的狀態，結果和星球的運動一樣，不得不與中心點發生衝突。社會生產的無政府狀態之壓力，使日益增加的大多數的人民，轉成無產者，反過來，正是這些無產者的羣衆，起來結束此種無政府狀態。同樣的，社會生產無政府狀態的壓力，逼着使得大工業機器的無限改善的可能，成爲每個工業資本家的無條件的責任，使他在遭受破產的威脅之下，不斷地改進自己的機器。但是改良機器，這就是說，某一些人的勞動，變成了不必要。如果機器的引用及其數量的增加，使數百萬手工工人，爲少數利用機器的工作者所代替；那末機器的改進，是把機器工人本身更厲害地從工廠中驅逐出來，形成更厲害的超出資本家對於勞動力的平均需要之上的勞動力的供給。這種大量的無工可做的工人，形成眞正的產業後備軍——像我在一八四五年（『英國工人階級狀況』）所稱呼的——這種後備軍，準備在產業旺盛的時候，爲資本家效力，可是在其後的不可免的危機之時，他們又被擲到街頭路旁——這種後備軍，在無產階級爲生存而向資本家鬥爭之時，總是工人脚上的重壓，而且操着一種調劑物的作用，使工資處於極低的合於資本家要求的水平上。這上面所產生的結果是：機器——用馬克思的話來說——變成了資本家對於工人階級作戰的最有力的武器，勞動工具，不絕地剝奪工人手中的生活資料，而工人自身的產品，却反成了奴役自己的

工具。其結果是：勞動手段上的節省，同時即是勞動力的最厲害的浪費，即是對於常態的勞動條件之掠奪；機器——這個節省勞動時間的最有力的手段，轉成了一種最可靠的方法，使工人及其家庭的一生，變爲替資本增加價值的勞動時間。一部分人的過度的勞動，變成了別部分人的失業的原因。在世界上尋求新消費者的大產業，却在國內把工人羣衆的消費限制到最低的飢餓點，因之破壞了自己的國內市場。『使相對的人口過剩或產業後備軍經常地與資本積累的範圍及力量保持平衡的那種法則——這種法則，把工人纏縛於資本之下，而且纏縛得比較火神黑發斯達把盜火者普羅梅特釘於巖上※還要牢固些。這個法則，形成了與財富積累相適應的那種貧窮的積累。一個極端上的財富的積累，同時就是指別一極端——即自己的勞動產物轉成資本的那一階級的方面——的貧窮、困苦、奴役、無知、兇暴、道德墮落等等的積累（馬克思『資本論』第一卷）。如果想從資本主義生產方式上期待別一種的產物分配方法，那末這就等於期待着當電池上的電極相聯之時，不許水來分解，又不許陽極放出養氣陰極放出輕氣一樣。

我們已經看到，近代機器的達於高度的改善能力，怎樣

※ 普羅梅特是古希臘傳說上的英雄，他從天上盜火給人。據神話說，他因此激怒了天神。在天神的命令之下，火神黑法斯達就把普羅梅特釘於巖上。——編輯部註

因社會生產的無政府狀態，而轉成了使個別工業資本家不能不改善自己的機器，不得不經常提高生產力的強制法則。擴張自己生產規模的單純的事實上的可能，對於資本家也轉成了一種強制的法則。大工業巨大的擴張能力——氣體的澎漲力，與之相較，簡直成爲兒戲——在我們之前，表現爲數量上質量上擴張工業的要求，它絲毫不顧慮在其路上所遇到的任何障礙。發生這種障礙的，是大工業產品的消費銷路和市場，市場向更廣更深方面擴張之能力，受着別種完全不同的力量較弱的法則之支配。市場的擴張，不能與生產的擴張，並行前進。衝突成爲不可避免的了；因爲在資本主義生產方式本身被破壞之前，它始終不能得到解決，所以它（衝突）就帶着週期的性質。資本主義生產，造出新的『罪惡的循環』。

眞的，自一八二五年發生第一次普遍危機以後，整個工商世界，一切文明國家及其多少尚未開化的附屬地之生產與交換，都差不多每十年總要經歷一次混亂狀態。商業流轉停頓下來，市場擠滿着找不到買主的大批貨物，現金遁跡，信用消滅，工廠停頓，工人羣衆正因爲生產了太多生活資料之故，所以反失掉了生活資料，破產及強制拍賣紛紛不絕。停滯狀態，繼續好幾年，大批生產力及產物，被浪費及破壞，直至最後，山積的貨物，按照低下的價格銷賣出去；然後，生產與交換才逐漸再活動起來。再後，工業運動的步調，漸次加速，轉成快步，快步轉成跑步，而這跑步又轉而在工業

上、商業上、信用上、投機上成爲無韁的超越障礙物的眞正的跳躍，終至在幾次跳躍之後，重新進入危機的泥坑之中。如此不絕地反覆着。從一八二五年以後，我們已經經過五次危機，現在（一八七七年）正在經閱着第六次。這些危機的性質是這樣的顯明，使傅立葉一下子卽把最初一次危機稱爲『多血症的危機』，卽由過剩而起的危機。

在危機中，社會生產與資本家佔有之間的矛盾，轟然爆發起來。商品的流通，暫時停頓起來；貨幣以流通的工具，轉爲流通的障礙；商品生產及商品流通的一切法則，都顚倒轉覆。經濟的矛盾，達於極點，生產方式，起來反對交換方式。

在個別工廠內生產的社會組織，達到這樣的發展程度，使它已不能與那種存在於它之旁，凌駕於它之上的生產無政府狀態相並存——這個事實，就是資本家自身也明瞭了，因爲在恐慌的時候，許多大的而且更多的小的資本家們，都流於破產，而使資本猛烈地集中起來。資本主義生產的全部機構，困頓於它自己所造成的生產力的壓力之下。它不能把所有這些生產手段轉成資本，許多生產手段，閒着沒有應用，因之，產業後備軍，也不得不閒着無事。生產手段，生活資料，待僱的工人，一切生產的及一般的財富原素，都過剩了，可是『過剩變成了貧苦與缺乏的來源』（傅立葉），因爲正是它（過剩）阻礙着生產手段與生活資料之轉爲資本，因爲在資本主義社會裏，生產手段，如果不預先變成資本，

不預先變成一種剝削人的勞動力的手段，那末，它們是不能運行起來的。生產手段與生活資料轉爲資本的必要性，正好像怪物一樣，站立於工人與這種生產手段生活資料兩者的中間；它（這個必要性）妨礙着物的動力與人的動力之結合；它妨礙生產手段施行職能，妨礙工人工作與生活。這樣，一方面資本主義生產方式，表示出自己沒有能力來管理這些生產力，他方面，這些生產力，以更強大的力量，要求排除這種矛盾，要求去掉它們自身的資本的性質，要求在事實上承認它們是社會的生產力的這種性質。

強大地發展着的生產力，反抗它們的資本主義性，更迫切的要求承認它們的社會性——正是這些，使資本家階級本身，也不得不在資本主義關係的一般的可能範圍之內，更多地把生產力當作社會生產力來看待。產業繁榮茂盛、信用無限澎漲的時期以及逼着巨大資本企業流於破產的危機時期，都推動極大部分的生產手段，採取某種社會化的形式，像我們所遇到的，就是採取各種股份公司的形式。這些生產手段與交通工具中，有許多，例如鐵路，本身已經具着這樣大的規模，使它再不能有別種資本家剝削的形式了。到了一定的發展階段時，就是這個形式（股份公司的形式）也變成不夠的了。某國的某一同一產業部門的一切巨大生產者，聯合成爲一個『託拉斯』，卽一個以調節生產爲目的之聯合。他們決定他們所要生產的總數，將這總數分配於相互之間，並且預先約好規定的賣價。可是因爲這些託拉斯，在營業一有不

佳時便大部分破裂下來，所以就引起更大的生產的集中。整個產業部門，轉成了一個緊密的龐大的股份公司了，這一公司內部的競爭，為內部的壟斷所代替了。在一八九〇年，英國鹹性鹽類化學品的生產，就發生如此情形，這一生產合併整個四十八個大公司，而成為單一的由一個中心領導的公司，資本有一萬萬二千萬馬克。

在託拉斯中，競爭轉為壟斷。※資本主義社會的無計劃

※ 馬克思在『資本論』上已經指出了競爭轉為壟斷的傾向。在馬克思死後，恩格斯已有可能來看到這種傾向的發展。自此以後，壟斷更特別發展起來，而轉為近代資本主義——帝國主義的最顯著的特點。

列寧寫道：『帝國主義是一般資本主義基本特性之發展與直接的繼續。但是資本主義，祇在它發達到一定的很高的程度時才成為資本帝國主義；此時，資本主義幾個特性，已經變為它的對面；這時從資本主義轉變到更高的社會經濟組織的過渡時代底特點，已經在各方面形成與暴露出來。在此過程中，經濟上最主要的，便是資本主義的自由競爭已被資本主的壟斷所代替。自由競爭是資本主義和一般商品經濟底特點，而壟斷恰恰是自由競爭底對面？但是我們親眼看見，自由競爭已變為壟斷，它造成大生產，排擠小生產，用最大的生產來代替大生產，使生產的集中和資本的集中，達到很高的程度，以至於產生了壟斷的聯合，如卡德爾、新迪卡、託拉斯，與數十個運用數十萬萬元資本的銀行資本相結合。同時，自由競爭中生長起來的壟斷，並沒有消滅競爭，而卻是建築於競爭之上，與之相並存。並由此而產生出許多特別緊

的生產，向着將要來到的社會主義社會的有計劃生產投降。固然，最初這祇是有利於資本家的。但是，在它的這種形式之下，剝削已變成如此明顯，使得它不得不被毁壞下來。沒有一國人民，能夠長久忍受由託拉斯來指揮的那種生產以及一小夥坐享紅利的強盜對於全社會的公然剝削。無論如何，不管有託拉斯或沒有託拉斯，資本主義社會的正式代表——國家，總不得不※※出來管理生產。這種轉爲國家公產的必

張、特別嚴重的矛盾，許多敵對和衝突。壟斷是從資本主義轉變到更高制度上去的過渡（見『列寧選集』第八卷，九五——九六頁）。——編輯部註

※※　我說『不得不』，這是因爲，祇有在生產手段及交通工具眞正發展到不適於股份公司的管理，而國有在經濟上成爲不可免的場合——祇有在這場合上，國有，甚至現代國家手中的國有，總是經濟上的進步，纔是準備一切生產力轉入社會手中的轉變過程上的一個進步。可是最近以來，自俾斯麥力倡『國營』以來，出現了特種的僞社會主義，在有些地方，甚至變成了自願的阿諛迎逢的勾當，它毫不遲疑的把任何生產手段之轉爲國有，甚至俾斯麥式的國有，都宣佈爲社會主義的了。顯然的，如果國家的烟草專賣，也算是社會主義的話，那末拿破崙及梅特涅（奧國首相，歐洲反動的神聖同盟的主腦——譯者註），也可以算做社會主義的始創者了。如果比利時國家，因尋常財政的及政治的理由，自己去建造主要的鐵路，如果俾斯麥沒有任何經濟上的必要，把普魯士的主要鐵路，收歸國營，其唯一目的，是爲着使鐵路更適於戰時的應用，是使鐵路的辦事員，變成投票擁護政府的

要，首先表現在大規模的交通工具上：郵政，電報及鐵路上。

如果，危機表示出資產階級不能往前管理現代的生產力，那末，大規模生產企業及交通工具之轉入股份公司及國家手中，顯示出資產階級在這一目的上之毫無用處。資本家的全部社會職能，現在已由領薪俸的辦事員來執行了。資本家除了收取款項，剪取息單，在各個資本家相互奪取資本的交易所中舉行賭博以外，再沒有任何其他的社會職能了。以前，資本主義生產方法，驅逐工人，現在它就驅逐資本家，把他們，和工人一樣，擯入於過剩人口之中，所差的，是他們現在還沒有進入產業後備軍而已。

但是無論轉入股份公司與託拉斯手中，或轉爲國有產業，都沒有除去生產力的資本主義性質。關於股份公司，這是非常顯明的。至於現代國家，那末它祇是資產階級社會所建立的組織，用來保護資本主義生產方式的共同的外部條件，使其不受工人及個別資本家的侵害。現代國家，無論採

走狗，而且主要的，是爲着不求助於議會即能有新的進款的來源——所有這些，直接地、間接地、自覺地、不自覺地，都絲毫不是社會主義。不然，便應該把普魯士國家銀行，皇室製磁廠，甚至陸軍製衣隊，都可以算成社會主義的組織，甚或至於把佛萊台立赤·威廉第三時代某一聰明人所認眞提議的妓院的國有，也當作社會主義了。——恩格斯註

取何種形式，在實質上總是資本家的機器，資本家的國家，觀念上的集體的資本家。（現代國家）愈是把更多的生產力掌握於自己的手中，它就愈是成爲實際的集體的資本家，愈是剝削更多的國民。工人還是僱傭勞動者，無產者。資本主義關係，非但沒有被消滅，而且更尖銳到了極點，到了頂點。可是達到了尖銳化的頂點之時，就要發生變革。生產力之國有，沒有解決矛盾——資本主義的矛盾，可是它却包含着這種解決的外表上的手段，這種解決的原素。

這種解決，祇能是在事實上承認現在生產力的社會性，因之，也就是使生產佔有及交換等等方式，與生產手段的社會性相適合。要能達到這點，就祇有使社會公開地直截地佔有這種生產力——這些生產力，已經發展到除了社會管理方式之外再不適合於其他管理方式的地步了。同時，生產手段及生產品的社會性，現在祇是以盲目的自然發則的破壞力起來反對生產者，週期地破壞生產與交換的過程，到了那時，將完全爲生產者所自覺地引用於實際，而從攪亂及週期危機的原因，轉成生產本身發展的最有力的因素了。

社會的力量，在未被我們認識及處理以前，正是和自然的力量一樣，發生着盲目的強制的破壞的作用。可是我們一經認識了它，理解了它的活動方式、它的方向及它的影響，那時就靠着我們來使它更多地服從我們的意志，利用它來達到我們的目的。這點特別可以適用於現在強大的生產力。在我們執拗地拒絕瞭解它的本性與特質之時——資本主義生產

方式及其擁護者，正是拒絕着這種了解——在這時候，這種力量總是像我們在上面所說的，超越我們，反對我們，把我們置於它的統治之下。可是，它的本性，一被瞭解之後，它就可以在集體生產者的掌握之下，從惡魔似的統治者，轉成順從的奴僕。這上面的區別，正如雷雨時所發電光的破壞力與電報上弧光燈上所馴順地運行着的電力二者中間的區別一樣，也正如火災時的火與供人應用的火二者中間的區別一樣。當我們最後認識了這些生產力的本性，並按照這一本性來處置這些生產力的時候，社會生產的無政府狀態，就要為社會的有計劃的生產所代替，這種生產，是以滿足全社會及各個人的需要為根據的。那時資本主義的佔有方式——在這方式之中，生產品起始奴役自己的生產者，再後奴役佔有者——也將為一種以現代生產手段的本身性質為根據之新佔有形式所代替，就是說，一方面有社會對於生產品的直接的佔有，用來作為維持生產及擴張生產的手段，他方面有直接個人的佔有，用來作為生活及消費的手段。

資本主義生產方式，把更多的人民轉成無產者，因之，也就造成了一種力量，這種力量，在自身會被毀滅的威脅之下，不得不起來完成這個革命；資本主義，更厲害地推動大規模社會的生產手段，轉變為國有產業，因之它也就自己指示了實現這一革命的道路。無產階級將握取政權，而把生產手段首先轉為國家的財產。可是因此，它也就除去自己的無產階級的性質，消滅一切階級的區別及階級的對立，因之也

使原來的國家，趨於滅亡。以前以及現在建築在階級矛盾之上的社會，需要國家，這國家是每一時代剝削階級所造成的組織，用來維持他的生產的外部條件，因之首先就要強制地把被剝削階級束縛於各該生產方式所決定的壓迫條件之下（奴隸制、農奴制、僱傭勞動制）。國家是整個社會的官式的代表，是社會成爲明顯集團的一種綜合；但是國家之所以成爲社會的代表，祇是因爲它是某一時代中，獨自代表整個社會的那個階級的國家，在古代，有奴隸主的國家，在中世紀有封建貴族的國家，在我們這個時代，便有資產階級的國家。等到最後，國家眞正成爲整個社會的代表的時候，它本身便成爲贅瘤了。一旦社會上沒有一個必須被壓迫的階級，一旦階級的統治以及現代生產無政府狀態所造成的個人之生存鬥爭，以及從這種鬥爭中，產生出來的衝突與對立，都一起消滅了的時候——從那時起，便無需乎壓迫，便無需乎一種特殊的壓迫權力——國家——了。國家眞正成爲整個社會代表的第一次行動，即以社會名義取得生產手段所有權的行動，同時也便是國家之所以爲國家的最後的一個獨立行動。國家權力對於社會關係的干涉，各處各地都將逐漸成爲不需要，而自行停止下來。此時管理物品和指導生產過程的機關，便代替治人的政府。國家不是『被廢除』的（abge-schaft）而是自行衰亡（absterbt）下去的。我們應該從這個觀點上去估量『自由人民的國家』的辭句，這一辭句，會有理由，在鼓動中暫被應用，可是它從科學意義上講來，畢竟

是沒有根據的；而無政府主義者※要求在二十四小時內廢除國家的話，便也可以從這個觀點上去判斷其誤謬了。

自從資本主義生產出現於歷史舞台以來，單獨個人或整個學派，曾常時有一種多少模糊的未來理想，要把一切生產手段轉爲全社會所有。可是，這種理想，祇在他的實現的物質條件已經存在的時候，方才成爲可能，方才成爲一種歷史的必然。全部生產手段之歸於社會，和其他一切的社會進步一樣，並不是因爲有了一種理解，認爲階級的存在，不合於正義、平等等等，也不因爲是有了一種簡單的要去廢止階級的意志，便能實現，而是因爲有了一定的新的經濟條件，它才能夠實現。社會的剝削階級與被剝削階級，統治階級及被統治階級的劃分，是以前生產不充分發展時所產生的必然結果。當社會勞動成果的總量用來供給社會全體所最必需的生活資料，還所剩無幾的時候，卽當勞動差不多佔據着社會極大多數人的全部或最大部分時間的時候，在這時候，社會必然地分成各個階級。在完全盡力於勞動的極大多數的人民之外，還形成了免除直接生產勞動的階級，他顧慮着社會的共同事務：勞動指導、國家管理、法庭、科學、藝術等等。因之，分工的法則，是階級劃分的基礎。可是，這並不是說，

※ 無政府主義者（普魯東、巴枯寧等）不懂國家的實質，否認革命政權的意義以及勝利的無產階級手中的國家政權之革命作用。他們關於立刻消滅國家的要求，正是使革命解除武裝。——編輯部註。

在階級的劃分中，沒有應用暴力及掠奪，狡猾及欺騙等等的方法；也並不妨礙統治階級在掌握政權之後，犧牲工人階級來鞏固自己的統治，而把對於公共事業的管理轉成對於羣衆的加緊的剝削。

可是，階級的劃分，卽使具有某種歷史的理由，也祇是對於一定時代一定社會條件而言。此種劃分，以生產不足爲根據，到了近代生產力充分發展之後，它就要被掃滅。事實上，社會階級的消滅，須要達到一定的歷史發展的階段，在這階段上，不單是一定的某一階級的統治，而且是一般的任何階級的統治，因之也就是階級劃分的本身，都將成爲時代錯誤的陳腐的廢物。※所以，階級的消滅的前提，是這樣的

※　在蘇聯，無產階級專政，已在實現階級的消滅。聯共十七次代表大會提出社會主義建設的第二五年計劃（現已實現）的任務，就是完成這種階級的消滅，並完全建立無產階級的社會主義社會。爲着實現這樣的任務，祇有經過最殘酷的階級鬥爭，並且不僅要求無產階級專政國家的保持，而且要求共往前鞏固與發展。正是經過這種鞏固與高度的發展，無產階級國家，才能趨於自己的衰亡。斯達林在十七次大會上說道：『我們贊成國家的衰亡，同時我們主張加强無產階級專政，這專政是從來所有政權中的最有力最强大的政權。高度發展國家政權，來準備國家政權衰亡的條件——這是馬克思主義的公式。這是矛盾的。是的，是的，是矛盾的。可是，這種矛盾，是合乎實際生活的，是完全反映馬克思的辯證法的。』

生產高度發展的階段，在這階段上，某一特殊社會階級對於生產手段與產品的佔有，政治統治權的佔有，教育及精神上指導的獨佔等等，不但成爲無用，而且成爲經濟上、政治上及知識上發展的障礙。這樣的階段，現在已經達到了。資產階級在政治上知識上的破產，就是在它自己看來，也不是一件秘密了；它的經濟上的破產，有規則地十年一次地反覆着。在每個危機中，社會總是窒息於它自己所造成的它所不能利用的生產力與生產物的重壓之下，而束手無策地受荒謬的矛盾的宰制，這一矛盾，就是生產者之所以不能得到消費物，正是因爲生產物找不到消費者。生產手段，在其強大的發展中，毀裂着資本主義生產方式所加的桎梏，脫出這種桎梏，乃是生產力不絕的更加速的發展底唯一先決條件，因之，在實際上講來，也就是生產本身無限增長的唯一先決條件。不止如此，生產手段歸於社會所有，不但除去現在對於生產正確進程的人爲的障礙，而且還消除生產力與生產物的浪費與破壞，這種浪費與破壞，正是現在生產的不可避免的伴隨現象，而且在危機中更達到了它的最高的程度。此外，生產手段歸於社會所有，還消滅現在統治階級及其政治代表的窮奢極慾的浪費，而爲社會節省出多量的生產手段及生產品。社會化的生產，不但可以給社會一切成員保證豐裕的不絕改進的物質生活，而且還可以保證他們體力上智力上的才能的自由發展與運用——這樣的可能，現在才開始有了，可是它確實已經有了。※

生產手段既轉入社會的掌握中，商品生產以及生產物對於生產者的統治，也便同時歸於消滅。社會生產的無政府狀態，就爲根據自覺計劃而進行的生產組織所代替。個人的生存鬥爭，因而停止了。祇在那時，人方在某種意義上，最後的脫離了動物界；祇在那時，人方從動物的生存條件轉到眞正的人的生存條件。一切環繞着人，並且從來統治着人的生存條件，現在就處在人的支配及統制之下了。隨着人類成爲自己社會關係的主人翁，他們也就開始成爲自然界的眞正的

※　少數幾個數字，儘可給出一種大約的觀念，指示出，就是在資本主義的壓制之下，現在生產手段，也具有何等巨大的擴張的能力。根據吉芬氏的最新統計，不列顚及愛爾蘭的國富總額約計如下：

一八一四年	二、二〇〇	百萬金鎊
一八〇五年	六、一〇〇	百萬金鎊
一八七五年	八、五〇〇	百萬金鎊

至於危機時候生產手段及產品的浪費，那麼根據德國工業家第二次大會（一八七八年二月二十一日）在柏林的計算，在最近一次危機中，單就德國鉄工業一項說，損失已達四萬五千五百萬馬克。——恩格思斯註

爲補充恩格斯所引的統計數字起見，我們指出下列的英國國富發展數字，這些數字是根據同樣的吉芬氏的方法計算出來的：

一八八五年	一〇、〇〇〇	百萬金鎊
一八九五年	一〇、六〇〇	百萬金鎊
一九〇五年	一三、〇〇〇	百萬金鎊
一九一三年	一四、三〇〇	百萬金鎊

及自覺的主人翁。他們自己社會行動的法則直到現在都是與他們相對立，而成爲一種外來的統治於他們之上的自然法則，現在則爲人們所完全自覺地運用起來，因之也就處在他們的統治之下了。社會的存在，直到現在，在人類看來，都好像是自然界及歷史從上面所賜與的東西，現在也變成了他們的自由行動。從來統治於歷史中的客觀的神祕的力量，現在屈服於人的統治之下了。祗從這時起，人們方才自覺地自己創造自己的歷史；祗在那樣時候，他們所推動的歷史因素，纔將以極大的日益增加的程度，給出他們所希望的結果。這將是人類由必然的王國進於自由的王國之飛躍。

在總結時，我們將以上所敍述的發展過程概括如下：

（一）中世紀社會

細小的個人生產，生產手段適於個人使用，因此自然是簡陋的，細小的，效能有限的。生產的目的是爲着供給生產

對於現代危機結果所消滅的生產力的數量，那末，一九二九——三二年危機中的數字，可以表示出來

國民收入（下列以萬萬美金爲單位）：

	一九二九	一九三一	一九二九	一九三一
美國	四、〇〇〇	二、四〇〇	九〇〇	五四〇
英國	一、一五〇	六九〇	一九〇	一一四
德國	八〇〇	四八〇	一五五	九三
法國	六八〇	五一〇	九〇	六七
意大利	三〇〇	一八〇	五〇	三〇

一九三二年還有好些生產力繼續遭受毀滅。——編輯部補註

者自己或其封建領主之直接消費。祇在生產有超過直接消費的剩餘之時，剩餘的生產品才拿去出賣，才拿去交換；商品生產尚在初期的狀態中，但其內部已經包含有社會生產的無政府狀態之萌芽。

（二）資本主義革命

工業的革命，最初經過單純協作和手工工廠未實現，以前散碎的生產手段集中到大作坊來，這樣使生產手段由個人的變爲社會的——這種改變尚未牽動佔有形式，舊的佔有形式還保持着自己的作用。資本家出現了，他們以生產手段的主人的資格，佔有生產品，並使之成爲商品。生產已經成爲社會的行爲，交換以及生產品的佔有，仍舊是個人的行爲：社會勞動的生產品被個人資本家所佔有。這是根本的矛盾。從這矛盾上，產生了近代社會的一切矛盾，這些矛盾在大工業上特別明顯的表演出來：

A．生產者和生產手段分離，工人被判定終身做僱傭勞動。無產階級和資產階級中間的矛盾。

B．支配商品生產的法則，發生更大的力量與更有力的作用。異常劇烈的競爭。個別工廠生產的社會組織性和全體生產的社會無政府狀態中間的矛盾。

C．一方面，因競爭之故，機器的改善，成爲每一個別廠主所必須遵守的規律，這同時就是日益更厲害地使工人從工廠中被驅逐出來——產生了產業後備軍；他方面，生產的無限制的擴張，也成爲每一廠主所必須遵守的法則。這兩方

面，造成生產力的空前發展，供過於要求，生產過剩，市場滯塞，十年一次危機，『罪惡的循環』：一方面生產手段和生產品過剩，他方面沒有工作無以爲生的工人過剩。但是生產和社會幸福的這兩種動力，不能聯結起來，因爲資本主義的生產形式，除非把生產力和生產品首先轉變爲資本，他是不許生產力工作，不許生產品流通的，可是這種轉變，又爲生產過剩所阻礙。這種矛盾，一直發展到荒謬的程度。生產方式起來反對交換形式。資產階級就這樣表示出不能繼續統御自己所有的社會生產力。

D．資本家自己也迫不得已部分的承認生產力的社會性；生產和交通的大的機體，首先轉爲股份公司所有，隨後又轉爲託辣斯所有，更後又歸國家所有。資產階級成爲無用的階級，它的一切社會作用，都爲僱用的辦事員所執行了。

（三）無產階級革命

矛盾的解決：無產階級奪取政權，并因政權之助而將從資產階級手內所奪得的社會生產手段，轉爲公共財產。由於這個行爲，無產階級就使生產手段解脫了以前作爲資本的那種性質，使其社會性，能有完全的發展的自由。這樣，依然預定計劃來進行的社會生產，就成爲可能。生產的發展使社會階級的繼續存在，成爲不合時代的廢物。國家的政治權力，也隨着社會生產的無政府狀態的消滅而歸於衰亡，人類終於成爲自己的社會存在的主人翁，因之，也就成爲自然界的主人，成爲自己的主人——成爲自由人。

這個解放世界的事業的完成，就是現代無產階級的歷史使命。闡明這一事業的實質及其歷史條件，因此，也就是使負擔着使命要來完成這一事業的現在的被壓迫階級，理解自己事業的意義——這就是作爲無產階級運動的理論表現之科學社會主義的任務。

正誤表

頁	行	誤	正
15	1	本主義生產之下	祇在資本主義生產之下
16	12	（Anaxagorag）	（Anaxagoras）
17	9	Hoebbes	Hobbes
30	21	中等階級造成之主要…	中等階級之主要……
41	20	耐性的批評，像所……	耐性的批評者所
55	19	表現於 種	表現於一種
55	20	出來了。	出來了：
58	21	人的性質， 方面	人的性質，一方面
65	10	應該把他們	應該把它們
67	4	思維方 ，	思維方法，
67	5	個別的事物 不見	個別的事物，而不見
70	9	在他學說中 切	在他學說中，一切
71	1	歷史的體繫	歷史的體系
71	7	舊唯物有	舊唯物論
71	15	各種天體 也	各種天體，也
72	15	morement	movement
72	22	祕書投票	祕密投票
37	7	尙末完全	尙未完全
76	17	從所來未有	從來所未有

頁	行	誤	正
77	21	他們祗有把他們	他們祗有把它們
80	5	在這地　很……	在這地方很……
81	9	封建諸候	封建諸侯
82	2	一些原則	一些法則
82	3	這些原則	這些法則
82	18	農民家庭　算	農民家庭才算
82	20	……生產。　是就是	……生產。可是就是
88	10	轉覆	傾覆
90	9	恩格斯已有	恩格斯已有
90	19	對面？	對面；
91	9	九五　　九六	九五——九六
92	18	白覺地	自覺地
93	2	資本家。　（現代	資本家。它（現代
94	20	生產　　，轉	生產手段，轉
101	6	手工工廠未實現	手工工廠來實現
102	3	丰產品過剩	生產品過剩
102	5	資本，他是	資本，它是
102	18	這樣，依然	這樣，依照